Rolf Morrien
Judith Engst

WIE LEGE ICH 50000 € OPTIMAL AN?

Alle wichtigen Bausteine zum sicheren und einfachen Vermögensaufbau

FBV

Bibliografische Information der Deutschen Nationalbibliothek
Die Deutsche Nationalbibliothek verzeichnet diese Publikation in der Deutschen Nationalbibliografie. Detaillierte bibliografische Daten sind im Internet über http://dnb.d-nb.de abrufbar.

Für Fragen und Anregungen
info@finanzbuchverlag.de

Originalausgabe, 1. Auflage 2019

Nymphenburger Straße 86
D-80636 München
Tel.: 089 651285-0
Fax: 089 652096

Korrektorat: Manuela Kahle
Umschlaggestaltung: Maria Wittek
Umschlagabbildung: Shutterstock/Businessvector
Satz: Carsten Klein, Torgau
Druck: CPI books GmbH, Leck
Printed in Germany

ISBN Print 978-3-95972-037-3
ISBN E-Book (PDF) 978-3-96092-054-0
ISBN E-Book (EPUB, Mobi) 978-3-96092-055-7

INHALT

Vorwort

Liebe Leserin, lieber Leser,

die Zinsen sind im Keller und einstmals lohnende und zugleich sichere Geldanlagen wie Bundesschatzbriefe gibt es nicht mehr. Kein Wunder, dass allenthalben die Unsicherheit um sich greift, wie sich denn heute das eigene Geld noch zugleich sicher und rentabel anlegen lässt. Bankberater und Versicherungsvermittler sind hier meist keine große Hilfe: Denn ihre »Beratung« ist häufig von Provisionsinteressen gesteuert und damit alles andere als neutral. Daher lohnt es sich, das Thema Geldanlage zur Chefsache zu erklären und sich selbst darum zu kümmern.

Dieses Buch soll Sie dazu ermutigen, den Schritt an die Börse zu wagen. Denn die Scheu der meisten Deutschen vor Börsen-Investments ist nicht berechtigt. Wenn Sie es richtig anstellen, dann können Sie Ihr Risiko minimieren und zugleich eine attraktive Rendite für sich herausschlagen. In diesem Buch erhalten Sie viele praktische und handfeste Tipps, wie Sie das bewerkstelligen. Es wird also Zeit, den Rendite-Motor für Ihre Geldanlage zu starten – packen Sie's beherzt an!

Wir wünschen Ihnen viel Erfolg bei Ihren Investments!

Judith Engst und Rolf Morrien

Schritt für Schritt
So investieren Sie 50 000 Euro

Schritt 1: Wappnen Sie sich von Anfang an gegen provisionsabhängige Vermittler und Berater, für die Sie mit Ihren 50 000 Euro ein attraktives Ziel darstellen. Denn wer Ihnen eine angeblich lukrative Geldanlage vermitteln will, hat vor allem die eigenen Provisionen im Auge, und auf dem Markt tummeln sich auch viele Betrüger. Welche Investments Sie auf keinen Fall tätigen sollten, verraten wir Ihnen in Kapitel 1.

Schritt 2: Ohne Börseninvestments schaffen Sie keine Geldanlage, die auf Dauer auch nur die Inflationsrate schlägt. Sie sind jedoch dem Auf und Ab an den Börsen nicht schutzlos ausgeliefert, sondern haben mehrere Möglichkeiten, das Risiko zu minimieren (siehe Kapitel 2). Zunächst aber legen Sie alles Geld, das Sie nicht sofort in Wertpapiere stecken (siehe unten), auf ein Tagesgeldkonto. Dabei achten Sie auf eine möglichst gute Verzinsung, vor allem aber auf eine hinreichend gute Einlagensicherung (siehe Kapitel 3).

Schritt 3: Sie überlegen sich, wie viel Geld Sie als Notreserve für unvorhergesehene Ausgaben (Reparaturen, Strom-, Gas- oder Nebenkosten-Nachzahlungen etc.) brauchen. Als Faustregel gelten hier zwei bis drei Monatsgehälter. Dieses Geld belassen Sie auf dem Tagesgeldkonto. Den Rest investieren Sie auf einmal oder nach und nach in börsennotierte Wertpapiere. Dafür brauchen Sie ein Wertpapierdepot und die Kenntnis darüber, wie Sie diese Wertpapiere kaufen (siehe Kapitel 5). Infrage kommen vor allem Investmentfonds, ETFs und/oder Aktien (siehe Kapitel 6, 7, 8 und 9). Wenn Ihnen Krisenvorsorge und Vermögensschutz ein besonderes Anliegen sind, dann empfiehlt sich zudem der

Kauf von Gold und Silber mit einem Depot-Anteil von maximal 10 Prozent (siehe Kapitel 10).

Schritt 4: Sie machen sich Gedanken zu Ihrem Anlagehorizont, also der voraussichtlichen Dauer Ihrer Geldanlage. Wie lange können Sie die Differenz zwischen Notreserve und Goldinvestments einerseits und Ihrem Zielbetrag von 50 000 Euro andererseits unangetastet für sich arbeiten lassen? Sind das maximal fünf Jahre, investieren Sie diese Differenz am besten in einen Mischfonds (siehe Kapitel 6). Sind es dagegen mehr als fünf und idealerweise sogar mehr als zehn Jahre, dann kaufen Sie am besten ETFs, Aktien oder auch aktiv gemanagte Fonds (siehe Kapitel 6 bis 9).

Schritt 5: Für drei Szenarien haben wir konkrete Anlage-Empfehlungen vorbereitet (siehe Kapitel 11). Überlegen Sie sich, welches Szenario Ihre Situation am ehesten trifft und beherzigen Sie unsere Tipps – Sie können diese auch abwandeln oder mischen, falls keines der Szenarien 100-prozentig zu Ihnen passt:

- **Szenario 1:** Sie haben als noch jüngerer Mensch im Alter von ca. 30 Jahren eine Erbschaft von 50 000 Euro gemacht oder eine entsprechende Abfindung erhalten. Dieses Geld wollen Sie langfristig für später anlegen.

- **Szenario 2:** Sie sind um die 50 oder schon etwas älter und befürchten, die gesetzliche Rente sowie Ihre vorhandenen Ersparnisse könnten für einen sorgenfreien Ruhestand nicht ausreichen.

- **Szenario 3:** Sie sind ca. 65 Jahre alt, sind bereits im Ruhestand oder stehen kurz davor und haben die Auszahlung einer Lebensversicherung erhalten oder durch einen Immobilienverkauf zusätzliche liquide Mittel. Bei Ihnen stehen ein Hinzuverdienst zur laufenden Rente, aber auch der Vermögenserhalt (auch für kommende Generationen) sowie der Schutz vor Währungs- und anderen Krisen im Vordergrund.

- **Schritt 6:** Bei jeder Geldanlage verlangt der Fiskus Steuern. Welche legalen Möglichkeiten Sie haben, um Ihre Steuerlast zu reduzieren, lesen Sie in Kapitel 12.

- **Schritt 7:** Gleichgültig, welchen Weg Sie bei der Geldanlage beschreiten – zehn Tipps gilt es, immer zu beherzigen, um Kostenfresser zu vermeiden. Welche das sind, lesen Sie in Kapitel 13.

Kapitel 1

Zehn Geldanlagen, von denen Sie besser die Finger lassen

Vielleicht wundern Sie sich: Sie finden am Anfang dieses Buches nicht gleich Empfehlungen, wie Sie Ihre 50 000 Euro am besten anlegen. Vielmehr werden Sie zunächst vor Geldanlagen gewarnt, die wir wegen hoher Risiken, Intransparenz oder fehlender Renditechancen für nicht geeignet halten. Dass wir mit solch einer Warnung beginnen, hat seinen Grund: Mit 50 000 Euro sind Sie ein willkommenes Opfer für allerlei fragwürdige Berater und Vermittler, die Sie zu einer angeblich lukrativen Geldanlage überreden und an Provisionen und Gebühren kräftig mitverdienen wollen. Da Geldanlage-Skandale in der Vergangenheit alles andere als selten waren, sollten Sie sich unbedingt zunächst einen Überblick über diejenigen Investments verschaffen, die auf keinen Fall infrage kommen. Denn ein entschiedenes »Nein!« an der richtigen Stelle bewahrt Sie manches Mal vor hohen Verlusten. Die Börsen-Legende Warren Buffett hat es auf den Punkt gebracht, als er gefragt wurde, was die wichtigsten Anlage-Regeln sind: »Regel Nr. 1: Verlieren Sie kein Geld! Regel Nr. 2: Vergessen Sie niemals Regel 1!«

Öko-Investments in Windkraft, Solarparks, Geothermie-Projekte und Blockheizkraftwerke

»Geld verdienen mit gutem Gewissen«, damit bewerben viele Anbieter ihre Geldanlagen. Sprich: Sie wollen Ihr Geld in Windkraft- oder Solarparks stecken – oder alternativ in Geothermie-Projekte und Blockheizkraftwerke. Warum sind in der Vergangenheit speziell bei den »Öko-Investments« so viele Projekte geplatzt und haben allein in Deutschland Milliardensummen ausgelöscht? Zum einen waren einige Macher Spezialisten im Bereich Ökologie, haben jedoch im Bereich Ökonomie versagt. Nicht jede gute Idee wirft auch gute Renditen ab. Zum anderen haben einige Betrüger (leider erfolgreich) darauf gesetzt, dass Anleger und Sparer nicht ganz so genau nachrechnen, wenn das Motto lautet »Öko-Investments – Geld verdienen mit gutem Gewissen«. Wer will schon als Erbsenzähler gelten, wenn es um eine gute Sache geht? Mit diesem Trick wurde der gesunde Menschenverstand bei Geldanlagen ausgeschaltet.

Gängig sind vor allem vier Arten von Investments:

- **Außerbörsliche Anleihen:** Als Anleger leihen Sie dem Betreiber mit dem Kauf Geld und bekommen dafür ein Stück Papier (oder ein elektronisches Dokument). Dieses Geld wird dann – vorgeblich oder tatsächlich – in ein Windkraft-, Solar- oder Geothermie-Projekt gesteckt. Aber Achtung: Ob die versprochenen Zinsen pünktlich und in voller Höhe bezahlt werden, können Sie nicht wirklich beurteilen. Sie sind auf die Angaben des Anbieters angewiesen. Anders als bei börsengehandelten Papieren gibt es hier auch keine Veröffentlichungspflichten und zudem meist keine Ratings (also keine Beurteilung durch Agenturen, die die Zahlungskraft unter die Lupe nehmen). Da es für außerbörsliche Anleihen auch keine täglichen Kursstellungen an der Börse gibt, kriegen Sie allenfalls mit großer Zeitverzögerung mit, wenn das Geschäftsmodell nicht so funktioniert wie versprochen. Und noch etwas spricht gegen außerbörsliche Papiere jeglicher Art (auch Aktien und Genussscheine): Sie bekommen diese nicht los, wenn Sie verkaufen wollen. Denn als Käufer kommt praktisch nur der Anbieter in Betracht, und der wird auf die vereinbarte Laufzeit pochen. Ob er dann allerdings noch flüssig genug ist, das geliehene Geld zurückzuzahlen, darf bezweifelt werden.

Oft genug stellt sich während der Laufzeit heraus: Das angeblich so profitable Geschäftsmodell Windkraft, Solar & Co. hat leider nur Verluste produziert und deswegen ist nicht mehr genug Geld für die Rückzahlung der Anleihen da.

- **Außerbörsliche Genussscheine:** Genussscheine sind ein Mittelding zwischen Eigen- und Fremdkapital – oder man könnte auch sagen: zwischen Aktien und Anleihen. Das heißt, als Anleger rücken Sie mit dem Kauf ein bisschen stärker in die Stellung eines Eigentümers. Das jedoch macht sich hauptsächlich beim Risiko bemerkbar, das Ihnen als Käufer solcher Genussscheine aufgebürdet wird. Denn oft hängen die jährlichen Ausschüttungen am Gewinn des Unternehmens. Sind die Gewinne niedrig, sind auch die Ausschüttungen niedrig, bleiben sie ganz aus, dann fallen auch die Ausschüttungen aus. Ansonsten gilt für diese Form des Investments das Gleiche wie bei außerbörslichen Anleihen. Zudem ist Ihr Schutz als Gläubiger eines solchen Anbieters bei dessen Insolvenz noch schlechter als der Schutz für Anleihen-Inhaber. Vielleicht erinnern Sie sich noch an das Prokon-Debakel? Genau: Dabei ging es um Genussrechte im Wert von mehr als einer Milliarde Euro, die der Windkraftanlagen-Finanzierer Prokon mit seiner Insolvenz 2014 in den Sand setzte. Die ehemaligen Genussschein-Inhaber müssen jetzt mehrere Jahre warten, bis zumindest ein Teil der Verluste ausgeglichen wird. Der Insolvenzverwalter zahlt in unregelmäßigen Abständen Teilbeträge aus Verkaufserlösen des ehemaligen Vermögens zurück. Prokon wurde übrigens »saniert« und geht inzwischen als Genossenschaft wieder auf Anlegerfang.

- **Geschlossene Fonds beziehungsweise stille Beteiligungen:** Bei dieser Form der Geldanlage werden Sie zum Unternehmer, genauer gesagt meist zum Gesellschafter. Hat der Fonds genügend Geld beisammen, werden keine weiteren

Anteile verkauft, daher der Begriff »geschlossen«. Allerdings haben Sie als Gesellschafter in den meisten Fällen kein Mitspracherecht, was die Führung des Unternehmens angeht. Sie sollen lediglich an den Gewinnen beteiligt werden. Dafür aber tragen Sie das volle unternehmerische Risiko. Wie bei außerbörslichen Anleihen und Genussscheinen gilt: So leicht können Sie sich nicht von Ihrem Unternehmensanteil trennen, schon gar nicht vor Ende der Laufzeit. Ein weiterer großer Minuspunkt: Die »Fonds-Macher« und die Vertriebsstellen kassieren hohe Gebühren, die durchaus im zweistelligen Prozentbereich der Anlagesumme liegen können. Es wird also nur ein Teil Ihres Geldes tatsächlich in das Projekt investiert. Und dann kann auch nur dieser Teil Gewinne erwirtschaften. Das macht viele Rendite-Versprechen von Anfang an völlig unrealistisch. Also lautet auch hier der Rat: Finger weg!

- **Direktkauf von Solarmodulen, Blockheizkraftwerken & Co.:** Hier kaufen Sie keine Papiere, sondern (angeblich) bestehende Sachwerte. Zum Beispiel eine bestimmte Quadratmeterzahl an Solarmodulen auf dem Dach einer Produktionshalle. Oder ein ganzes Blockheizkraftwerk. Ihre Gewinne erzielen Sie dann vorgeblich aus dem Verkauf des Stroms oder auch der Fernwärme, die damit produziert wird. Oder aus der Verpachtung der betreffenden Anlagen etwa an den Betreiber. Aber auch davon raten wir Ihnen dringend ab. Solche Beteiligungsmodelle gab es auch in der Vergangenheit schon – oft mit katastrophalen Folgen für die Anleger. So zum Beispiel bei der Nürnberger Firma GFE, die im Jahr 2010 höchst erfolgreich »Pflanzenöl-Blockheizkraftwerke« an private Investoren verkaufte – für 40 000 Euro pro Stück. Diese Anlagen sollten für 1000 Euro pro Monat verpachtet werden. Die Pacht sollte direkt den Anlegern zugutekommen. Ende des Jahres schaltete sich die Staatsanwaltschaft ein. Denn die

Firma hatte nichts als heiße Luft verkauft. Die angepriesenen Blockheizkraftwerke gab es gar nicht. Ein klarer Fall von Anlagebetrug: Mehr als 1400 Anleger waren dabei um 62 Millionen Euro geprellt worden.

Das Problem bei solchen Angeboten: Sie können nichts von alledem überprüfen, was die Anbieter Ihnen sagen: Sie wissen nicht, wie rentabel ein angepriesenes Geschäftsmodell wirklich ist. Sie kennen die Risiken nicht – der Hinweis, dass Totalverluste möglich sind, muss heutzutage zu praktisch jedem Geldanlage-Angebot gegeben werden und ist daher nichtssagend. Sie kennen noch nicht einmal die Szenarien, die der Anbieter bei seinen Prognoserechnungen verwendet hat – bei Ökostrom beispielsweise die Einspeisevergütung, die übrigens in den vergangenen Jahren rapide gefallen ist. Und bei »realen« Sachgütern wissen Sie nicht, wie viele davon tatsächlich existieren und welche genau Ihnen zugeordnet sind. Daher sollten Sie um solche Investments einen großen Bogen machen!

Wald und Holz

In diesem Kapitel geht es wohlgemerkt nicht um ein vom Großvater geerbtes Stück Wald. Behalten Sie es ruhig, wenn Sie Freude daran haben. Denn es kann zumindest Ihren winterlichen Brennholzbedarf (teilweise) decken, und womöglich gefällt es Ihnen, von Zeit zu Zeit draußen in der freien Natur mit Motorsäge und Axt beziehungsweise Holzspalter zu werkeln.

Anders sieht es aber mit Geldanlage-Angeboten aus dem Bereich der Forst- und auch der Landwirtschaft aus. Egal ob Teak-Investments in Brasilien, Teebaum-Plantagen in Australien, Sandelholz-Anpflanzungen in Indien oder Ahorn-, Kirschbaum- oder Robinien-Forste in der Schweiz: Vertrieben werden (wieder mal) außerbörsliche Anleihen, stille Beteiligungen oder Genussscheine. Manche Anbieter verkaufen Ihnen auch direkt die einzelnen Stämme oder bestimmte Flächen.

Hier gelten die gleichen Bedenken wie bei den oben angeführten Öko-Investments: Das Ganze ist extrem undurchsichtig. Sie wissen weder, wie rentabel das Geschäftsmodell ist, noch kennen Sie die Risiken. In der Forst- und Landwirtschaft schwanken die Preise extrem stark, und das ist nur ein Risiko unter vielen. Denn Schädlingsbefall, Dürren, Stürme oder Überschwemmungen können eine Anpflanzung schnell komplett zunichtemachen. Dann ist das investierte Geld weg. Zudem tummeln sich auf diesem Gebiet der Geldanlagen besonders viele schwarze Schafe, die das Geld der Anleger erst mal einsammeln, sich davon großzügige Provisionen genehmigen und später eben untertauchen, wenn sich das Projekt bestenfalls als unrentabel und schlimmstenfalls als betrügerisch herausstellt. Und mal ehrlich: Wie wollen Sie ohne Mithilfe des Anbieters vor brasilianischen Gerichten beweisen, dass die für viel Geld gekaufte Teak-Anpflanzung wirklich teilweise Ihnen gehört? Lassen Sie sich darauf bloß nicht ein!

Geschlossene und offene Immobilienfonds sowie Wohnungsbau-Genossenschaften

Es klingt zunächst plausibel: Wer nicht gleich eine ganze Immobilie kaufen kann, der kauft eben eine Immobilien-Beteiligung. Möglich machen das sogenannte geschlossene Immobilienfonds, offene Immobilienfonds und Wohnungsbau-Genossenschaften.

Kommen wir zunächst zu den **geschlossenen Immobilienfonds.** Sie finanzieren jeweils ein einzelnes Immobilienprojekt, beispielsweise ein Hochhaus mit zig Wohneinheiten oder einen Gewerbepark. Dass diese Fonds als »geschlossen« bezeichnet werden, hat einen guten Grund: Nur während der sogenannten Zeichnungsphase können Anleger Anteile erwerben. Wenn das zur Realisierung notwendige Geld erst beisammen ist, wird der Fonds geschlossen, und es werden keine weiteren Anteile mehr verkauft. Das Geld ist dann allerdings für die komplette Laufzeit gebunden, und diese beträgt nicht selten zehn oder gar 20 Jahre.

Versprochen wird eine spätere Rendite aus einer Vermietung der einzelnen Wohn- oder Gewerbeeinheiten oder aus deren Verkauf. Außerdem werden die Steuervorzüge unterstrichen: Da üblicherweise solche Immobilienprojekte zusätzlich mit einem hohen Anteil an Bankkrediten fremdfinanziert werden, sind die Sollzinsen steuerlich absetzbar. Weil zudem die Anteilseigner solcher Fonds üblicherweise als Kommanditisten – sprich nicht-haftende Gesellschafter – geführt werden, können sie die Sollzinsen in ihrer Steuererklärung geltend machen und damit Steuern sparen. Gerade Gutverdiener mit hoher Steuerlast werden mit dieser Argumentation oft erfolgreich geködert.

Genau bei dieser Fremdfinanzierung setzt aber auch unsere Hauptkritik an. Sie dient neben dem Steuernsparen dazu, die späteren Gewinne zu hebeln, sprich eine höhere Rendite auf das eingesetzte Eigenkapital zu erzielen. Denn klaro: Wer mit fremdem Geld höhere Zinsen erwirtschaftet, als er an Sollzinsen bezahlt, der erzielt auf diese Weise erst recht eine höhere Rendite auf das Geld, das er selbst mitbringt.

Allerdings machen die Bankkredite das Geschäftsmodell auch extrem gefährlich. Denn wehe, wenn die Bank plötzlich Zweifel an der Rentabilität beziehungsweise an der Werthaltigkeit der Immobilie oder des Immobilienparks bekommt. Dann ist ein solcher Kredit auch schnell einmal gekündigt – und ohne Fremdfinanzierung funktioniert das ganze Geschäftsmodell nicht. Auch steigende Zinsen können einem solchen Projekt schnell den Garaus machen, weil plötzlich die Kreditraten viel höher ausfallen und womöglich aus den laufenden Erträgen nicht mehr bestritten werden können.

Nicht zuletzt haben Sie bei einer Anlage in geschlossene Immobilienfonds auch wieder das Problem, das Sie von den Öko-Investments und den Geldanlagen in Wald und Holz schon zur Genüge kennen: Ihre Anteile sind nicht börsenhandelbar, und damit ist Ihr Geld für lange Zeit fest gebunden. Es fehlt an Transparenz, die bei börsengehandelten Anteilen ganz selbstverständlich und sogar vorgeschrieben ist. Sie können außerdem nicht absehen, wie seriös der Anbieter und wie profitabel sein Geschäftsmodell ist.

Mal ganz abgesehen davon verraten schon die aufwändig gestalteten Plakate und Unterlagen auf diversen Anlegermessen, dass der Anbieter sich vermutlich ein großes Stück von dem Kuchen aus Anlegergeld selbst abschneidet. Warum sollte er sonst so offensiv auf Kundenfang gehen? Jeder Euro, der in bunte Werbung, Messestände oder Vertriebsmitarbeiter investiert wird, wird vom Anlegergeld abgezogen.

Offene Immobilienfonds sind im Gegensatz zu den geschlossenen Fonds börsengehandelt und auch nicht auf einzelne Immobilienprojekte beschränkt. Die Anbieter sind oft namhafte Fondsgesellschaften wie etwa Union Investment (UniImmo), Deka (Deka Immobilien) oder eine Investment-Tochter der Commerzbank (hausInvest). Als Anleger können Sie jederzeit Anteile dieser Fonds an der Börse kaufen. Das Fondsmanagement investiert das Anlegergeld in verschiedenste Immobilien, je nach Fondssatzung etwa in Wohnanlagen, Bürokomplexe oder Gewerbeimmobilien verschiedenster Metropolen in Europa oder der ganzen Welt.

Offene Immobilienfonds sind definitiv transparenter als geschlossene: Als Anleger können Sie sich jederzeit den Wert des Immobilienvermögens im Fonds, den sogenannten Net Asset Value

(NAV), anzeigen lassen, denn eine regelmäßige Bewertung ist ebenso wie deren Veröffentlichung vorgeschrieben. Auch den Börsenwert Ihrer Fondsanteile können Sie ständig abrufen. Sie finden all diese Infos auf der Internetseite der Fondsgesellschaft sowie auf diversen Börsen-Plattformen im Internet (wie zum Beispiel www.boerse.de oder www.finanzen.net).

In der Praxis haben offene Immobilienfonds allerdings Schwächen: Würde ein Großinvestor auf einmal viel Geld abziehen, käme das Fondsmanagement in große Nöte: Es müsste blitzschnell eine oder mehrere Immobilien aus dem Bestand verkaufen. Wegen des Zeitdrucks wäre das wohl nur mit einem großen Abschlag auf den Marktwert möglich, und das würde zu Verlusten führen. Weil genau das während der Finanzkrise 2008/2009 häufig passierte, hat der Gesetzgeber inzwischen neue Regeln eingeführt. Demnach muss, wer Anteile gekauft hat, für mindestens 24 Monate dabeibleiben. Zudem schreiben die Regularien jetzt eine Kündigungsfrist von einem Jahr vor. Es ist also nicht möglich, schnell auf Veränderungen zu reagieren.

Derzeit besteht noch ein weiteres Problem: Aufgrund der billigen Immobilienkredite, die durch die Niedrigzinspolitik der Notenbanken möglich wurden, sind die Immobilienpreise rasant gestiegen. Das zeigt sich – scheinbar positiv – in einem immer höheren NAV der offenen Immobilienfonds. Aber in Deutschland spricht man in Teilbereichen schon von einer Immobilienblase, und auch in anderen Ländern sind Immobilien vor allem in den Metropolregionen überteuert. Diese Blase wird spätestens dann platzen, wenn die Zinsen wieder steigen. Wer dann Anteile an offenen Immobilienfonds hält, muss mit großen Verlusten rechnen: Der Wert der Fondsanteile wird sich mit der sinkenden Nachfrage nach Immobilien schlagartig verringern. Ein weiterer Schwachpunkt: Da »Betongold« aktuell so beliebt ist, werden die Fondsgesellschaften mit neuen Geldmitteln überschüttet. Da dieses Geld als Cash-Reserve in der Kasse im ungünstigsten Fall sogar Negativ-Zinsen verursacht, stehen die Fondsmanager unter Druck, möglichst schnell frische Gelder zu investieren. Das treibt die Immobilien-Preise nach oben und erhöht die Blasengefahr. Auch aus diesem Grund halten wir offene Immobilienfonds nicht für empfehlenswert.

Zum Schluss bleibt noch die Frage, ob **Anteile an einer Wohnungsbau-Genossenschaft** eine sinnvolle Alternative sein könnten. Darüber können beziehungsweise müssen Sie sicherlich nachdenken, wenn Sie auf Wohnungssuche in einer Großstadt sind und in eine genossenschaftliche Wohnung ziehen wollen. Der Erwerb solcher Anteile wird nämlich häufig als Bedingung für den Einzug als Mieter vorausgesetzt. Es gibt aber auch einige Genossenschaften, die auf Anlegermessen nach privaten Investoren suchen. Doch den Kauf solcher Genossenschafts-Anteile lassen Sie lieber bleiben. Denn oft ist das Geschäftsmodell kaum seriöser als bei geschlossenen Immobilienfonds, und die Provisionen für die Anbieter sind hoch. Außerdem droht bei solchen Genossenschaften noch eine andere Gefahr: die sogenannte Nachschusspflicht. Sollte das via Genossenschaft realisierte Immobilienprojekt ins Minus laufen und die Geldlücke sich nicht mit Bankkrediten stopfen lassen, dann müssen Sie als Genossenschaftsmitglied neues Geld nachschießen, wenn die Satzung der Genossenschaft das vorsieht. Das passiert üblicherweise ausgerechnet dann, wenn ohnehin schon klar ist, dass sich diese Geldanlage niemals rentieren wird. Unterm Strich ist also auch die Mitgliedschaft in einer Wohnungsbau-Genossenschaft keine empfehlenswerte Geldanlage.

Direktanlagen in Container, LED-Industrieleuchten & Co.

Was mit Blockheizkraftwerken (siehe Abschnitt Öko-Investments) funktioniert, das funktioniert auch mit anderen von der

Industrie nachgefragten Investitionsgütern: Anleger kaufen nur allzu gern »Sachwerte«, für deren Anmietung es angeblich eine Nachfrage aus der Industrie gibt. Doch Vorsicht, das ist ein extrem undurchsichtiges und manchmal sogar betrügerisches Spiel.

Ein Paradebeispiel dafür ist die Münchner Investmentfirma P&R, die es immerhin 40 Jahre lang gab. Sie verkaufte – teilweise über die Vermittlung etablierter Banken – Transport-Container an Anleger und mietete diese sofort zur Vermittlung an Reedereien zurück. Der Anleger bekam für drei bis fünf Jahre regelmäßige Mietzahlungen, rund 6 Prozent Rendite sollten damit möglich sein. Im März 2018 meldete das Unternehmen allerdings Insolvenz an. Erst im Nachgang fand der Insolvenzverwalter heraus: Die Firma hatte auf dem Papier eine Million mehr Container verkauft, als tatsächlich existierten. Vom Geld der neu angeworbenen Anleger wurden die bestehenden ausgezahlt – ein klassisches Schneeballsystem. Insgesamt 54 000 Anleger hatten die Wahnsinns-Summe von 3,5 Milliarden investiert (jeder Anleger damit durchschnittlich rund 65 000 Euro). Der größte Teil davon ist unwiederbringlich verloren, wie wir heute wissen.

Es gibt im Bereich der Direktinvestments Anbieter, die nicht betrügerisch handeln. Aber das können Sie nur schwer feststellen. Denn Sie haben im Regelfall keine lange Firmenhistorie mit lückenlosen Bilanzen und Gewinn- und Verlustrechnungen, aus denen genau hervorgeht, wie einträglich das jeweilige Geschäftsmodell ist. Deshalb stimmt es uns auch misstrauisch, wenn auf Anlegermessen plötzlich Investmentfirmen den Direktkauf von LED-Industrieleuchten anpreisen, die statt der stromfressenden Neonlampen in Produktionshallen namhafter Industrieunternehmen montiert werden. Angeblich werden sie an diese vermietet zu einer Miete, die niedriger ist als der Stromverbrauch der alten Neonröhren. Kein Zweifel, das Geschäftsmodell klingt schlüssig und nach einer einträglichen Geldanlage. Aber auf keiner dieser LED-Leuchten klebt ein Schild, das ihren Käufer als rechtmäßigen Eigentümer und Empfänger der gezahlten Mieten ausweist.

Selbst wenn keine Betrugsabsicht hinter einem solchen Anlagemodell steckt – dass dabei üppige Provisionen an den Anbieter fließen, ist sicher. Sonst ginge er nicht so offensiv auf Anlegerfang, sondern würde stattdessen versuchen, sein Geschäftsmodell über Bankkredite zu finanzieren. Schon wegen fehlender Transparenz sollten Sie sich keinesfalls auf solche Anlagemodelle einlassen.

Beteiligungen an »innovativen« Firmen

Es ist leider so: Wenn Sie im Internet irgendeine Geldanlage- oder Börsen-Website öffnen, wird sehr viel Werbung eingeblendet. Besonders auffällig sind Werbebanner zu angeblich sehr innovativen Firmen, die scheinbar die kommenden Trends jetzt schon vorwegnehmen und viel Geld damit verdienen.

Ein Beispiel dafür ist das »Urban Mining« (urbaner Erzabbau). Angeblich lagern in den großen Städten die größten Vorräte an Gold, Silber und seltenen Erden, wie etwa zur Smartphone-Produktion benötigt. Versprochen wird vage, diese mit einer neuartigen Technik nutzbar zu machen: Aus urbanem Schutt und Müll werde mithilfe neuartiger Verwertungsanlagen bares Geld. Doch lassen Sie sich nichts vormachen: Jede Müllverbrennungsanlage sondert selbstverständlich aus den Verbrennungsrückständen die nicht brennbaren Metallschlacken aus und verkauft sie an Verwerter. Die nämlich vergüten die darin enthaltenen (Edel-)Metalle entsprechend deren Anteilen. So neu und innovativ ist das Urban-Mining-Konzept keineswegs.

Drei Schlagwörter, die ebenfalls in der Anwerbung gutgläubiger Privatinvestoren hervorragend funktionieren, sind die Begriffe »Lithium«, »Akku« und »E-Mobilität«. Wer hier neuartige Techniken verspricht, findet fast immer einen Dummen, der sich im Glauben an satte Renditen an den angekündigten Fabriken und Produktionslinien beteiligt. Diese allerdings existieren meist noch gar nicht und können folglich ihre angeblich so hohe Rentabilität noch nicht unter Beweis stellen. Das stört offenbar die wenigsten Anleger. Hauptsache, es wird irgendein Trend erwähnt, der vermeintlich eine lukrative Zukunftstechnologie darstellt.

Lassen Sie die Finger davon. Dubiose Beteiligungen oder außerbörsliche Aktien sollten Sie niemals kaufen. Deren Anbieter betreiben (noch) kein operatives Geschäft – und wahrscheinlich haben sie dies noch nicht einmal vor. Aus dem »Urban Mining« muss nicht das nächste Grab für das Geld geprellter Anleger werden!

Diamanten und andere Edelsteine

Sind Ihnen jemals lupenreine Diamanten mit Echtheits-Zertifikat als Anlageobjekte angeboten worden? Falls nein – seien Sie froh! Denn damit machen Betrüger schon seit Jahrzehnten gute Geschäfte. Zum Schein gaukeln sie beim ersten Kauf häufig sogar einen Wertzuwachs binnen weniger Wochen vor und kaufen dem gutgläubigen Anleger seinen Stein zu einem höheren Preis wieder ab. Allerdings überreden sie ihn dann auch gleich, den »Gewinn« wieder in Diamanten zu investieren. Spätestens ab dem zweiten Geschäft dieser Art macht aber dann der Anleger ein Minus. Denn oft sind die Steine minderwertig, und selbst wenn sie es nicht wären, ist ein Wertzuwachs keinesfalls garantiert. Gleiches gilt für angeblich hochwertige Rubine, Saphire, Smaragde oder sonstige Steine, wie sie derzeit vermehrt auf Börsentagen und Anlegermessen präsentiert werden. Es mag ja sein, dass sie irgendwann gute Preise bringen. Aber die wirkliche Qualität kann nur ein Fachmann beurteilen. Zudem lässt sich die Entwicklung des Marktpreises nicht absehen. Mit zunehmendem Angebot hochwertiger, synthetischer Steine ist keineswegs gesagt, dass ein Rubin aus Sri Lanka künftig Höchstpreise erzielen wird. Wenn Sie mit Ihrem Geld also keinen dubiosen Anbieter reicher machen wollen, investieren Sie nicht in Edelsteine!

Crowdfunding

Ach, wie innovativ ist doch die Gründerszene! Da gibt es viele gute Ideen, die nur darauf warten, umgesetzt zu werden. Bloß fehlt den innovativen Jung-Unternehmern oft das Geld, um richtig loszulegen. Wie gut, dass es dafür Crowdfunding gibt, übersetzt Schwarm-Finanzierung. Denn wenn viele Menschen über eine Internet-Vermittlerplattform (zum Beispiel Companisto, Startnext, Kickstarter) kleine Summen in das frisch gegründete Unternehmen investieren, dann kommt einiges zusammen. Und vom Erfolg des Unternehmens profitieren dann alle, die etwas Geld zum betreffenden Crowdfunding-Projekt beigesteuert haben. Die Idee des Crowdfundings begeistert viele Menschen, ist doch »Schwarmintelligenz« eine beliebte Vorstellung der internetaffinen Community. Aber aus unserer Sicht ist diese Begeisterung unberechtigt. Selbst wenn inzwischen schon einzelne Volksbanken unter dem Slogan »Viele schaffen mehr« in die Vermittlung von Crowdfunding-Geldanlagen eingestiegen sind: Es gibt gravierende Gründe, die dagegen sprechen, das eigene Geld in Start-ups zu stecken.

Der erste und wichtigste Grund besteht in der hohen Quote gescheiterter Unternehmensgründungen. Von zehn Start-ups wird vielleicht eines richtig erfolgreich. Die anderen dümpeln vor sich hin oder gehen unter. Das Geld der Schwarm-Finanzierer ist dann in Gefahr. Zudem stellt sich die Frage, wann genau sich ein Existenzgründer um eine solche Geldquelle bemüht. Häufig ist das dann der Fall, wenn ein Bankkredit wegen mangelnder Erfolgsaussichten nicht verlängert oder gar nicht erst gewährt wird. Oder wenn erfahrene Risikokapitalgeber längst abgewunken haben. Sprich: Die Crowdfunder sollen die Risiken übernehmen, die den professionellen Darlehensgebern oder Investoren zu hoch sind. Dann ist die Wahrscheinlichkeit sogar noch größer, mit einem solchen Investment eine Bruchlandung hinzulegen!

Ein zweiter und ebenfalls substanzieller Grund ist die Vermittlungsplattform im Internet. Die verlangt nämlich reichlich Provisionen: 5 bis 10 Prozent sind da keine Seltenheit. Die zahlt zwar das auf diese Weise finanzierte Unternehmen und nicht der Anleger. Aber das Geld ist für Sie als Anleger trotzdem verloren, denn es kann ja nicht ins operative Geschäft des besagten Unternehmens gesteckt werden.

Ein weiterer Kritikpunkt: Entwickelt sich ein junges Unternehmen tatsächlich zum Super-Volltreffer, ist nicht gesagt, dass Sie davon übermäßig profitieren. Zum Teil können die eingesammelten Gelder unter bestimmten Bedingungen zurückgezahlt werden. Dann haben Sie Ihren Einsatz mit Verzinsung zurück, doch das ganz große Geld machen dann die Investoren und Alt-Besitzer, die noch Anteile halten. Das bedeutet: Scheitert das Geschäftsmodell, ist Ihr Geld auf jeden Fall verloren. Entwickelt sich das Unternehmen dagegen prächtig, was leider die Ausnahme ist, können Sie unter Umständen ausgezahlt werden, bevor das Unternehmen zum Beispiel an der Börse richtig durchstartet.

Unser Fazit: Die vermeintliche Schwarmintelligenz privater Investoren ist in Wirklichkeit oft ein Glücksspiel mit geringer Gewinn-Wahrscheinlichkeit! Da müssen Sie nicht mitmachen.

Bitcoin und andere Kryptowährungen

Der Bitcoin und andere Kryptowährungen erheben den Anspruch, ein rein digitales Zahlungsmittel zu sein, das unabhängig von den Zentralbanken existiert und daher nicht beliebig vermehrt, entwertet oder auf sonstige Weise manipuliert werden kann. Das spricht die Euro-Skeptiker ebenso an wie die digitale Community, die sich für solch technische Lösungen begeistern kann, an der viele Individuen beteiligt sind.

Neben der ersten Kryptowährung, Bitcoin, gibt es inzwischen zahlreiche andere, so zum Beispiel Ethereum, Dash oder Ripple. Sie alle basieren auf der Blockchain-Technologie. Zugegeben: Die Technologie ist sensationell! Aber sie ist kein Grund dafür, an die Werthaltigkeit von Bitcoin, Ethereum, Dash, Ripple & Co. zu glauben. Noch ist unklar, ob Kryptowährungen in Zukunft als Zahlungsmittel Bestand haben werden. Ihr gewaltiger Wertanstieg ist nichts anderes als eine Spekulationsblase, die zum Platzen verurteilt ist.

Unsere Hauptkritikpunkte an Kryptowährungen als Geldanlage: Sie sind nicht durch reale Werte gedeckt. Jetzt könnten Sie zwar sagen, dass dies auch bei Euro, Dollar oder Schweizer Franken nicht der Fall ist. Aber immerhin steht hinter diesen etablierten Währungen die Wirtschaftsleistung eines gesamten Landes oder einer ganzen Region. Zudem genießen sie das langjährige Vertrauen der Menschen, die sie als Zahlungsmittel benutzen. Kryptowährungen fehlt es sowohl an diesem wirtschaftlichen Fundament als auch an Vertrauen in der breiten Bevölkerung.

Dazu kommt: Niemand weiß, wie die Zukunft dieser digitalen Währungen aussieht. Wird sich eine durchsetzen – oder sogar mehrere? Das darf schon deshalb angezweifelt werden, weil der Energieaufwand beim Erschaffen neuer Währungseinheiten (auch »Mining« genannt) immens ist.

Sollte sich dennoch eine Kryptowährung durchsetzen, stellt sich die Frage, welche das sein wird. Aktuell gibt es bereits über 1000 unterschiedliche Kryptowährungen – Tendenz steigend. Es ist heute völlig unklar, welche Kryptowährungen sich langfristig durchsetzen und welche wertlos verfallen werden.

Selbst wenn Kryptowährungen vollständig mit anderen Währungen gleichzusetzen wären: Ein Investment in Devisen ist ohnehin nur Spekulation. Schon bei realen Währungen lässt sich nicht verlässlich vorhersagen, in welche Richtung sie sich entwickeln. Währungs-Spekulationen sind immer hochriskant. Für Kryptowährungen gilt das erst recht. Sehen Sie sich den folgenden Kursverlauf des Bitcoin in US-Dollar über einen Zeitraum von fünf Jahren an (Abbildung 1.1):

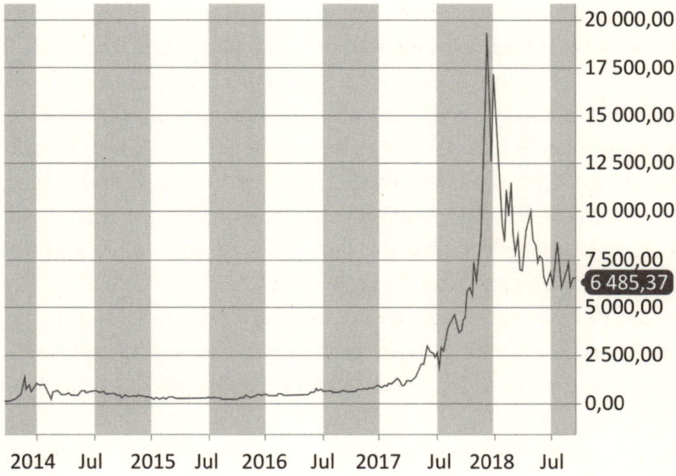

Abbildung 1.1: Fünf-Jahres-Kursverlauf Bitcoin in US-Dollar, Quelle: Yahoo Finance

An diesem Bitcoin-Chart können Sie die Blasenbildung sehen. Ein vernünftiger, verlässlicher und vertrauenswürdiger Vermögenszuwachs sieht anders aus. Oder haben Sie Lust, Ihre 50 000 Euro auf einer solchen Achterbahnfahrt aufs Spiel zu setzen?

Kostenlose, unbestellte Aktienempfehlungen (Pennystocks)

Das haben Sie wahrscheinlich auch schon erlebt: Dass Sie via E-Mail, Fax oder Post Empfehlungen für eine scheinbar ganz normale börsennotierte Aktie erhalten. Das Papier, das Ihnen darin zum Kauf nahegelegt wird, ist angeblich die nächste Kursrakete. Der erste Blick auf den jüngsten Kursverlauf scheint dies sogar zu bestätigen, denn der Chart zeigt oft steil nach oben. Aber Vorsicht, das ist nichts als Betrug.

Es geht so gut wie immer um Aktiengesellschaften, die ihre Geschäftstätigkeit längst eingestellt haben und deren Aktien meist nur noch ein paar Cent wert sind (sogenannte Pennystocks, wörtlich übersetzt »Pfennigaktien«). Sie bleiben manchmal an der Börse gelistet, weil es für die Alt-Besitzer lukrativ sein könnte, eine solche AG als Mantel an ein Unternehmen zu verkaufen, das sich auf diese Weise die Kosten für die Neufirmierung als AG und fürs Börsenlisting spart. Es gibt Gauner, die sich über Monate hinweg unauffällig für wenige Cent mit solchen Aktien eindecken. Sie kaufen immer wieder mal kleinere Stückzahlen, das fällt nicht weiter auf. Genau diese Gauner verbreiten irgendwann später dann ihre kostenlosen Kaufempfehlungen. »Aktie kurz vor dem Ausbruch« oder »Neuer Star am Aktienhimmel«, heißt es dann marktschreierisch. Vorgegaukelt wird dann ein sensationelles Geschäftsmodell, das binnen weniger Monate Millionen bringen wird. Es gibt genügend Privatanleger, die diesem Versprechen Glauben schenken und die empfohlene, vermeintlich billige Aktie kaufen.

Da von den betreffenden Aktien nur geringe Stückzahlen gehandelt werden, reagiert der Kurs sofort auf die erhöhte Nachfrage: Er steigt fast senkrecht an. Statt 10 Cent ist die Aktie dann beispielsweise 1,20 Euro wert. Die erhöhte Kaufnachfrage nutzen die Gauner, um ihre billig eingekauften Pennystocks teuer an gutgläubige Anleger abzustoßen. In unserem Beispiel hat sich ihr Einsatz verzwölffacht: Aus 100 000 Euro wurden 1 200 000 Euro. Und der Aktienkurs fällt anschließend wieder wie ein Stein in die Tiefe, weil die Nachfrage plötzlich ausbleibt und Anleger merken, dass sie wertlosen Schrott gekauft haben. Wohlgemerkt: Legal ist das nicht – aber lukrativ, solange nur genügend Anleger auf dieses betrügerische Spiel hereinfallen.

Daher unsere Warnung: Kaufen Sie niemals Aktien auf kostenlose Empfehlungen hin. Schauen Sie außerdem stets, ob ein Unternehmen auch wirklich Geschäfte macht und wie die Gewinne der vergangenen Jahre aussahen. Verzeichnet das empfohlene Unternehmen keine Gewinne, dann brauchen Sie in diese Luftnummer auch nicht zu investieren. Sie würden nur Geld verlieren.

Unser Praxistipp: Jede börsennotierte AG muss ihre Geschäftsberichte veröffentlichen. Diese finden Sie auf der Internetseite der betreffenden Firma unter der Rubrik Investor Relations (IR). Prüfen Sie einfach, ob das Unternehmen für die vergangenen drei Jahre vollständige Geschäftsberichte veröffentlicht hat. Nur wenige Betrüger machen sich die Mühe, ganze Geschäftsberichte zu fälschen (das sind über 100 Seiten pro Geschäftsbericht). Mit dieser ganz einfachen Kontrolle, die nicht länger als drei Minuten Internet-Recherche erfordert, können Sie 99 Prozent aller Pennystock-Betrugsfälle leicht enttarnen.

Lebens- und Rentenversicherungen sowie Sofortrenten gegen Einmalzahlung

Zahlreiche Versicherungen bieten Policen als Geldanlage an. Manchmal sind diese gekoppelt mit einer gewissen Absicherung der Familie des Versicherten. So zum Beispiel bei einer Kapital-Lebensversicherung, die eine bestimmte Leistung an die Hinterbliebenen auszahlt, falls der oder die Versicherte während der Laufzeit versterben sollte. Ansonsten wird bei Fälligkeit die sogenannte Ablaufleistung überwiesen: Das ist die Summe, die der Versicherer durch Anlage des eingezahlten Geldes erwirtschaften konnte. Rentenversicherungen zielen in aller Regel ausschließlich auf den sogenannten Erlebensfall ab: Ab einem vorher vereinbarten Zeitpunkt zahlen sie eine zumeist monatliche Rente aus. Bei den »Rentenversicherungen mit Kapitalwahlrecht« haben Sie die Wahl: Sie können statt der monatlichen Rente auch eine einmalige Auszahlung erhalten. Bei der sogenannten Sofortrente leistet der Versicherungsnehmer dagegen eine Einmalzahlung und bekommt dafür die Garantie einer lebenslangen Rente – gleichgültig, wie alt er wird.

Den meisten Versicherungen kann man nicht vorwerfen, unseriös zu sein. Doch besteht ihr Geschäftsmodell in erster Linie in der Absicherung ihrer Kunden gegen Risiken. Dagegen sind Policen, die vorrangig auf die Vermögensbildung abzielen, für die Kunden in aller Regel unrentabel oder sogar defizitär. Das hat vor allem drei Gründe:

- **Investiert wird nur der Sparanteil der Prämien:** Von jeder Prämie, die Sie einzahlen, wird gleich ein erheblicher Anteil einbehalten. Abgezogen werden zum einen die Provisionen, zum anderen die sonstigen Verwaltungskosten und zum dritten das Geld, das gegebenenfalls dem Hinterbliebenenschutz dient. Für die Geldanlage übrig bleibt dann nur der sogenannte Sparanteil der Prämien. Das sind vielleicht 75 Prozent dessen, was ein Policeninhaber eingezahlt hat. Sie sehen also: Sie würden bei Abschluss sofort mit einem dicken Minus starten.

- **Das Geld wird konservativ angelegt:** Die Versicherer sind bei klassischen, also nicht fondsgebundenen Policen, gesetzlich zu einer sehr konservativen Geldanlage verpflichtet – und das heißt: wenige Aktien und viele Anleihen. Gekoppelt mit den derzeit immer noch vorherrschenden Niedrigzinsen heißt das: Der Sparanteil der Prämien wird extrem niedrig verzinst. Eine Untergrenze von 0,9 Prozent pro Jahr – die sogenannte garantierte Mindestverzinsung – gilt seit 2017 bei neu abgeschlossenen Policen (vor der Jahrtausendwende waren das noch 3 bis 4 Prozent). Ob die jeweilige Versicherungsgesellschaft darüber hinaus mehr erwirtschaftet, ist höchst fraglich.

- **Sterbetafeln bei Rentenversicherungen und Sofortrenten:** Bei Rentenversicherungen mit lebenslanger, monatlicher Auszahlung hängt die Rentabilität nicht nur von der Verzinsung ab, sondern auch davon, wie lange Sie leben. Die Versicherer rechnen mit einem dicken Sicherheitspuffer, um nur möglichst nicht ins Minus zu geraten. Das haben Verbraucherschützer bei den angebotenen Sofortrenten sogar einmal genauer unter die Lupe genommen und dabei herausgefunden: Nur, wenn Sie weit über 90 oder bei einigen Anbietern sogar über 100 Jahre alt würden, könnte sich das für Sie lohnen.

Die Empfehlung lautet daher: Schließen Sie heute – aufgrund der langanhaltenden Niedrigzins-Phase – keine neuen Kapitallebens- oder Rentenversicherungen mehr ab. Auch von fondsgebundenen Policen raten wir Ihnen ab – wegen der hohen Gebührenbelastung und der eingeschränkten Auswahl an Zielfonds (das sind nicht immer die besten).

Was bestehende Policen angeht, lautet unser Rat: Ältere, nicht fondsgebundene Kapitallebensversicherungen, die Sie vor 2005 abgeschlossen haben, können Sie behalten. Denn hier ist die Garantieverzinsung mit bis zu 4 Prozent des Sparanteils hinreichend attraktiv, zumal die spätere Einmalzahlung bei Fälligkeit gänzlich steuerfrei bleibt. Ansonsten gilt die Devise: Versicherungen sind zum Absichern da, aber nicht zum Sparen.

Kapitel 2

Auswege aus dem Zinstief: So legen Sie Ihr Geld an

Mit Sparbüchern, Festgeldkonten und Bausparverträgen ist heute kein Blumentopf mehr zu gewinnen. Wer sein Geld in seinem Bestreben nach Sicherheit ausschließlich in solche festverzinslichen Geldanlagen steckt, der macht Verluste, auch wenn der Kontostand gleich bleibt oder durch Guthabenzinsen sogar etwas anwächst. Denn die reale Kaufkraft des Geldes geht zurück – vom gleichen Betrag können Sie sich heute mehr kaufen als in zehn Jahren. Und die Inflationsrate ist aktuell höher als die Guthabenzinsen, die Sie für ein Sparkonto oder einen Bausparvertrag erhalten. Noch ist zudem kein Ende der Niedrigzinsen abzusehen – die Europäische Zentralbank hält weiterhin die Leitzinsen nahe Null. Als Grundsatz für Ihre Geldanlage sollte aber gelten: Unterm Strich muss die Verzinsung des angelegten Geldes zumindest die Inflationsrate übertreffen. Idealerweise schafft sie sogar mehr, vor allem wenn Sie für Ihre Altersvorsorge noch Vermögen aufbauen wollen und es Ihnen nicht allein um den Werterhalt eines bereits vorhandenen Vermögens geht. Unsere Empfehlung lautet daher, »zwei- bis dreispurig« zu fahren:

- Einen kleineren Teil des Geldes belassen Sie auf einem **Tagesgeldkonto.** Das wird Ihnen in der aktuellen Zinsphase den erhofften Inflationsausgleich zwar nicht bringen, aber als Notreserve ist dieses Geld jederzeit zugänglich. Eine plötzlich notwendige, teure Autoreparatur oder eine hohe Stromkosten-Nachzahlung wirft sie dann nicht gleich aus der Bahn. Mit zwei bis drei Monatsgehältern liegen Sie bei diesem Posten in etwa richtig. Mehr zum Tagesgeld lesen Sie in Kapitel 3.

- Einen größeren Teil des Geldes investieren Sie nach und nach in **börsengehandelte Wertpapiere,** vor allem in Aktien (Kapitel 9) und offene Investmentfonds (Kapitel 6 bis 8). Zwar müssen Sie dort mit Kursschwankungen rechnen, aber unterm Strich erzielen Sie langfristig auf diese Weise eine Rendite, die deutlich über der Inflationsrate liegt. In Kapitel 4 erhalten Sie konkrete Empfehlungen dazu, wie Sie das Verlustrisiko gezielt senken, um auch als wenig risikobereiter Anleger mit diesen Investments gut schlafen zu können.

- Maximal 10 Prozent Ihres Geldes können Sie in **Gold und Silber** anlegen. Empfehlenswert ist das vor allem, wenn für Sie die Vermögensabsicherung gegen Währungs- und andere Krisen ein zentrales Anliegen ist. Sie sollten dann aber nicht zwangsläufig damit rechnen, dass Ihre Edelmetalle in naher Zukunft durch Kursgewinne in Euro und Cent gemessen immer wertvoller werden. Denn wie sich der Preis von Gold und Silber kurzfristig entwickelt, lässt sich nicht verlässlich prognostizieren. Mehr dazu lesen Sie in Kapitel 10.

Kapitel 3

Tagesgeld: Nötig, um liquide zu bleiben

Die gesamten 50 000 Euro auf einmal an der Börse zu investieren, wäre unklug. Denn Sie brauchen einen Teil des Geldes als Notreserve, etwa für Strom- oder Gas-Nachzahlungen oder für teure Reparaturen oder Neuanschaffungen (Auto, Heizung, Waschmaschine etc.). Es wäre ärgerlich, für solche Ausgaben erst Aktien oder Fondsanteile verkaufen zu müssen, und das womöglich ausgerechnet während eines Kurstiefs.

Sinnvollerweise parken Sie Ihre Notfallreserve auf einem Tagesgeldkonto. Dort wirft es statt 0,0 Prozent wie auf dem Girokonto doch wenigstens bis zu 0,5 Prozent Guthabenzinsen ab. Auch Geld, das Sie erst nach und nach über einen Sparplan in Wertpapiere stecken möchten, landet auf dem Tagesgeldkonto. Von dort aus können Sie es dann ratenweise in andere Vermögensklassen (meist Fonds oder ETFs) umschichten. Ein Tagesgeldkonto hat den großen Vorteil, dass Sie jederzeit Zugriff auf Ihr Geld haben. Bei einem Festgeldkonto wären Sie dagegen an eine bestimmte Laufzeit (zum Beispiel zwölf Monate) gebunden. Bei einem Sparkonto könnten Sie zumindest Summen über 2000 Euro nicht abheben oder auf ein anderes Konto überweisen, ohne vorher eine dreimonatige Kündigungsfrist einzuhalten.

Bankenauswahl: Trauen Sie nicht jeder x-beliebigen Bank

Im Prinzip gilt bei Tagesgeld: Je höher die Zinsen, desto besser. Aktuelle und gute Zinsvergleiche werden häufig in der Tagespresse veröffentlicht. Sie können sich aber auch im Internet darüber informieren, zum Beispiel auf Seiten wie

- www.fmh.de → Zinsvergleiche → Tagesgeld
- www.biallo.de → Geldanlage → Tagesgeld

Allerdings sollten Sie Ihr Geld nicht bei jener x-beliebigen Bank parken, die die höchsten Zinsen beim Tagesgeld verspricht. Das entscheidende Kriterium ist die Einlagensicherung, also die Frage, ob Ihr Geld auch bei einer Bankenpleite abgesichert ist.

Einlagensicherung: Das müssen Sie wissen

Wenn eine Bank pleitegeht, ist das Geld ihrer Kunden zunächst einmal weg. Es wird dazu benutzt, die Gläubiger der Bank zu befriedigen. Damit dies den Bankkunden keine empfindlichen Einbußen beschert, gibt es die sogenannte Einlagensicherung, ein gesetzlich vorgeschriebenes Sicherungssystem für die Guthaben der Kunden. »Einlagen« sind alle Gelder, die auf Konten und in Sparverträgen der jeweiligen Kunden liegen. Auch Sparbriefe, die auf den Namen des jeweiligen Bankkunden lauten, sowie Fremdwährungskonten, etwa in US-Dollar oder Schweizer Franken, sind geschützt. EU-weit vorgeschrieben ist eine Einlagensicherung von 100 000 Euro pro Bankkunde. Für die Sicherung bei einer Bankeninsolvenz steht aber nicht der Staat gerade, sondern die Banken des jeweiligen EU-Landes (über eine EU-weite Einlagensicherung wird derzeit diskutiert, aber ob sie kommt, ist noch fraglich).

In Deutschland gibt es mehrere Sicherungssysteme parallel zueinander. Das System der Genossenschaftsbanken und

Sparkassen zielt jeweils darauf ab, eine Bank in finanzieller Schieflage gar nicht erst in die Insolvenz rutschen zu lassen. Dafür müssen dann die anderen Banken des jeweiligen Verbunds mit Finanzspritzen sorgen. Bei diesen Kreditinstituten sind die Einlagen der Kunden somit in unbegrenzter Höhe geschützt.

Anders dagegen ist die Einlagensicherung bei den Privatbanken organisiert, also beispielsweise bei der Deutschen Bank, Commerzbank, Postbank oder Volkswagenbank. Hier können einzelne Institute durchaus pleitegehen. Die Einlagen der Kunden sind trotzdem geschützt. Diese Einlagensicherung gibt es in zwei Stufen:

- Die erste Stufe umfasst die gesetzlich vorgeschriebene Einlagensicherung bis 100 000 Euro pro Kunde. Gewährleistet wird sie durch die Entschädigungseinrichtung deutscher Banken (EdB). Bei Insolvenz einer Privatbank zahlt die EdB allen Kunden ihre Guthaben mitsamt den aufgelaufenen Zinsen aus.

- Die zweite Stufe geht darüber hinaus und ist freiwillig: Viele Privatbanken sichern auch Kundengelder oberhalb von 100 000 Euro pro Kunde ab, mindestens in Millionenhöhe. Dafür verantwortlich zeichnet der Einlagensicherungsfonds des Bundesverbands deutscher Banken.

Das Problem ist nur: Nicht überall gibt es eine so gut organisierte und finanziell potente Einlagensicherung wie in Deutschland. Vorsicht ist also vor allem bei diversen Auslandsbanken angebracht.

Welche Banken nicht infrage kommen

Nicht infrage kommen Banken außerhalb der Europäischen Union. Als Sparer müssen Sie immer damit rechnen, dass eine Bank in Schieflage gerät. Die Gefahr ist zu groß, Ihr Tagesgeld bei einer Insolvenz zu verlieren oder zumindest Schwierigkeiten bei der Rückforderung zu bekommen.

Auch bei Banken innerhalb der Europäischen Union ist nicht alles Gold, was glänzt. Zwar gilt einheitlich die gesetzlich vorgeschriebene Einlagensicherung von mindestens 100 000 Euro pro Bank und Bankkunde. Aber selbst EU-Auslandsbanken mit Sitz in Deutschland sichern das Geld ihrer Kunden nicht zwangsläufig von vornherein nach dem deutschen Einlagensicherungssystem ab. Oft genug sind sie dem Einlagensicherungssystem ihres Heimatlandes angeschlossen.

Aufgepasst: So schön sich die EU-weit vorgeschriebene Mindest-Einlagensicherung von 100 000 Euro pro Bankkunde auf dem Papier ausnimmt, so unsicher ist, wie gut sie im Ernstfall tatsächlich funktioniert. In einigen Ländern bestehen erhebliche Zweifel an der Leistungsfähigkeit der örtlichen Einlagensicherungsfonds, so zum Beispiel in Griechenland, Bulgarien, Rumänien, Italien, Portugal, Malta, Kroatien, Tschechien, Polen oder Lettland. Warum Sie das interessieren sollte? Weil einige dieser Banken über diverse Vermittlungs-Plattformen im Internet gerade massiv auf den deutschen Markt drängen.

Die schönen Versprechen von Weltsparen, Savedo und Zinspilot

Vor allem drei Anbieter fallen im Internet durch vermeintlich attraktive Tagesgeld-Angebote in allen möglichen EU-Ländern auf: Es sind die Portale Weltsparen (www.weltsparen.de), Savedo (www.savedo.de) und Zinspilot (www.zinspilot.de). Es handelt sich dabei nicht um Banken, sondern um Vermittlungs-Plattformen, auf denen die Angebote verschiedenster Banken gebündelt sind. Ob Alpha Bank (Rumänien), Banca Progetto (Italien), Sberbank (Russische Bank mit Tochter in Österreich) oder Postova Banca (Slowakei) - die Banken sind mehrheitlich im Ausland ansässig und haben auch meist keine Filialen in Deutschland. Obwohl sie die angebotenen Konten in Euro führen und gesetzlich aufgrund ihres Sitzes in einem EU-Land die europäische Einlagensicherung erfüllen müssen, lassen Sie davon besser die Finger.

Überlassen Sie das Thema Einlagensicherung nicht dem Zufall, sondern fragen Sie lieber nach. Die Banken sind verpflichtet, ihren Kunden Auskunft darüber zu geben, welcher Einlagensicherung sie angehören.

Von einer hinreichenden Sicherheit Ihrer Einlagen können Sie ausgehen, wenn Ihr favorisiertes Kreditinstitut der deutschen, der französischen oder der niederländischen Einlagensicherung angehört. Wenn nicht gerade eine Systemkrise den gesamten Bankensektor ins Wanken bringt, dann dürfte Ihr Geld bei Banken aus diesen Ländern sicher sein. Übrigens können Sie über folgende Internetseite bei den verschiedensten Privatbanken problemlos herausfinden, ob sie der deutschen Einlagensicherung angeschlossen sind oder nicht: http://einlagensicherung.de.

Mit der Eröffnung eines Tagesgeldkontos haben Sie den ersten Baustein Ihrer Anlagestrategie schon perfekt umgesetzt. Im Folgenden geht es nun um Rentabilität sowie Vermögensschutz und die dafür geeigneten Investments.

Kapitel 4
Ohne Börse geht es nicht: Aktien und Fonds sind keinesfalls zu riskant

Warum ist es auch für einen sicherheitsbedürftigen Menschen keineswegs abwegig, an der Börse zu investieren? Ganz einfach: Weil es derzeit keine vernünftige andere Möglichkeit gibt, das eigene Geld rentabel zu investieren. Entweder, Sie bringen Ihre Ersparnisse an die Börse und lernen, mit den Schwankungen umzugehen und möglichst sogar noch davon zu profitieren. Oder Sie erleiden durch Inflation auf jeden Fall einen Kaufkraftverlust. Höher verzinste Geldanlagen, die ohne Risiken daherkommen, gibt es nicht. Was Ihnen mit diesem Versprechen angeboten wird, ist bestenfalls Blendwerk und schlimmstenfalls Betrug – siehe Kapitel 1. Um Ihnen jedoch die Sorge vor Kursverlusten zu nehmen, hier zunächst einige grundlegende Aussagen zum Thema Aktien und Aktienfonds.

Sind Aktien-Investments auch sicher genug? Die Antwort lautet kurz und bündig: Ja. Kurzfristig kann der Aktienmarkt zwar stark schwanken, aber langfristig strebt er nach oben. Das zeigt beispielsweise eine Studie des Deutschen Aktieninstitutes (DAI). Untersucht wurde über einen Zeitraum von 50 Jahren hinweg eine Aktienanlage, die den deutschen Aktien-Leitindex DAX genau abbildet und die auch die Dividenden gleich wieder in DAX-Aktien investiert. Das DAI hat die erzielten Renditen für jede einzelne Kombination aus Ein- und Ausstiegsjahr zwischen 1968 und 2017 in einem Schaubild eingetragen. Dieses Schaubild können Sie unter dem Titel »Renditedreieck« im Internet (www.dai.de) abrufen – es lohnt sich, da mal reinzuschauen. Hier für Sie die wichtigsten Ergebnisse:

- In 50 Jahren brachte ein solches DAX-Investment eine Durchschnittsrendite von 7,7 Prozent pro Jahr.

- Je länger ein solches DAX-Investment gehalten wurde, desto unwahrscheinlicher waren Verluste: Nach Ablauf von zehn Jahren war von allen Kombinationen von An- und Verkaufsjahr im genannten Zeitraum nur noch eine im Minus. Nach Ablauf von 13 Jahren waren alle DAX-Investments im Plus – auch dasjenige mit dem denkbar ungünstigsten Einstiegszeitpunkt kurz vor dem Platzen der Dotcom-Blase 1999.

- Der längste Verlustzeitraum jemals belief sich auf zwölf Jahre. Wer länger als zwölf Jahre investierte, war automatisch im Plus.

Wahrscheinlich werden Sie jetzt denken, dass Ihnen auch zwölf Jahre viel zu lang sind, um auf das erhoffte Plus zu warten. Doch bedenken Sie: Dieses Szenario beschreibt die ungünstigste Entwicklung, die in 50 Jahren theoretisch möglich war. Alle anderen Einstiegszeitpunkte brachten viel früher Gewinne. Hinzu kommt: In der DAI-Studie gab es keinerlei Versuche, das Risiko zu mindern. Die Studie geht davon aus, dass die DAX-Aktien mechanisch jeweils zum Ende eines Jahres gekauft und zum Ende eines der folgenden Jahre wieder veräußert wurden. Absicherungsstrategien sind nicht berücksichtigt. Das ist bei Ihnen anders: Sie haben als Anleger die Möglichkeit, Ihr Risiko erheblich zu minimieren.

Wichtig: Mit diesen fünf Prinzipien mindern Sie das Risiko

Vor allem fünf Prinzipien legen wir Ihnen zur Risikominimierung ans Herz:

- Streuung auf verschiedene Wertpapiere (Diversifizierung)
- Wahl des Anlagehorizonts
- Nutzung des Durchschnittskosten-Effekts/Sparpläne
- Auswahl der richtigen Wertpapiere
- Wiederanlage der Dividenden (Zinseszinseffekt)

Streuung auf verschiedene Wertpapiere (Diversifizierung)

Im DAI-Renditedreieck waren langfristig alle Investments im grünen Bereich. Ein Hauptgrund dafür ist die Streuung auf verschiedene Wertpapiere: Die Studie sagt nichts über eine Investition in eine einzelne Aktie aus, sondern über eine Investition in immerhin 30 DAX-Aktien. Zum Gesamterfolg tragen also 30 Unternehmen bei. Da kann auch mal eine abgestürzte Deutsche Telekom (T-Aktie) dabei sein oder eine Deutsche Bank, die seit zehn Jahren schwächelt. Im DAX sind genügend Aktiengesellschaften vertreten, die dieses Minus wieder ausgleichen.

Idealerweise streuen Sie sogar über verschiedene Länder, Branchen und Regionen. Es müssen ja nicht bloß deutsche Aktien sein, in die Sie investieren. Auch müssen Sie sich nicht auf einzelne Branchen beschränken. Wenn Sie statt des Einzelkaufs von

Aktien lieber einen Aktienfonds oder ETF (Indexfonds) wählen, dann haben Sie schon automatisch für Streuung gesorgt.

Wahl des Anlagehorizonts

Wer Geld längerfristig in Aktien investiert, kann ruhig schlafen, das zeigt das DAI-Renditedreieck in aller Deutlichkeit. Denn langfristig steigen die Aktienkurse. Das gilt selbstverständlich nicht für jede einzelne Aktie, sehr wohl aber für den gesamten Aktienmarkt, den Sie zum Beispiel ganz einfach und günstig mit einem passenden Indexfonds (ETF) abdecken können (siehe Kapitel 7). Richten Sie sich also auf eine Haltedauer von zehn Jahren und mehr ein – dann können Sie mit größter Sicherheit von einer deutlichen Vermögensmehrung ausgehen.

Sie haben nicht so lange Zeit, brauchen Ihr Geld womöglich schon nach fünf Jahren wieder? Selbstverständlich können Sie auch mit einem kürzeren Anlagehorizont Ihr Geld an der Börse anlegen. Dann aber sollten Sie nicht nur in Aktien investieren, keine reinen Aktienfonds wählen, sondern idealerweise Mischfonds. Hier sind neben Aktien auch noch festverzinsliche Wertpapiere im Fondsvermögen enthalten, was das Schwankungsrisiko erheblich senkt.

Wichtig: Crashphasen einfach aussitzen

Der typische deutsche Privatanleger kauft Aktien oder Fonds, wenn die Aktienmärkte gerade boomen. Sobald aber mal wieder ein Börsencrash auftritt, bekommt er kalte Füße und stößt seine Aktien- und Fondsinvestments sofort wieder ab – ausgerechnet dann, wenn die Kurse im Keller sind. Genau diese Angstreaktionen sorgen für nachhaltigen Misserfolg. Aber

Nie im Crash verkaufen!
Macht Verlust erst real!

das muss nicht sein. Die DAI-Studie weist dagegen den richtigen Weg: Der ideale Einstiegszeitpunkt ist nicht so wichtig, den werden Sie sowieso so gut wie nie erwischen. Die Hauptsache ist, Sie haben einen langen Atem und sind bereit, Verlustphasen an den Aktienmärkten einfach auszusitzen. Wohlgemerkt: Hier geht es um Phasen, in denen der gesamte Aktienmarkt schwächelt. Wenn eine einzelne Aktie in Ihrem Depot auf Talfahrt geht, dann sollten Sie prüfen, ob sich die Aussichten fundamental verschlechtert haben. Falls ja, verkaufen Sie den Titel. Falls nein, lohnt es sich auch hier, die Schwächephase einfach auszusitzen.

Nutzung des Durchschnittskosten-Effekts/ Sparplan

Zwar rühmen sich unzählige Anlageprofis, stets den idealen Einstiegszeitpunkt zu finden. In der Praxis aber schafft das fast keiner. Denn erst im Nachhinein lässt sich anhand des bisherigen Kursverlaufs feststellen, wann ein Aktien- oder Fondskurs seinen Tiefpunkt erreicht hat. Es gibt jedoch eine einfache Methode, im Durchschnitt für recht günstige Einstiegskurse zu sorgen: Investieren Sie nicht das ganze für Wertpapiere vorgesehene Geld auf einmal, sondern teilen Sie die Summe in mehrere Portionen auf. Die einzelnen »Portionen« investieren Sie dann über einen Zeithorizont von zwei bis drei Jahren. Bei 40 000 Euro (Anlagesumme abzüglich Notfallreserve) könnten Sie beispielsweise acht Portionen à 5000 Euro zeitlich gestaffelt investieren. Davon könnten Sie im Abstand von drei Monaten jeweils Fondsanteile kaufen, nach zwei Jahren wäre das ganze Geld investiert.

Was soll dieses Vorgehen bringen? Ganz einfach: Die immer gleichen »Portionen«, die Sie zu verschiedenen Zeitpunkten investieren, sorgen automatisch für recht günstige Einstiegspreise. Es ist wie beim Tanken für immer gleiche Beträge: Ist der Sprit gerade teuer, können Sie für beispielsweise 50 Euro nur wenig in Ihren Tank füllen. Ist der Sprit gerade billig, dann kaufen Sie von dieser Summe automatisch mehr Sprit. Im Durchschnitt tanken Sie damit relativ günstig. Deshalb spricht man hier vom Durchschnittskosten-Effekt (Englisch: *cost average effect*). Dieser Effekt führt Ihnen auch vor Augen, dass Schwankungen an der Börse nicht bloß negativ sind. Sie können diese sogar zu Ihrem Vorteil nutzen. Eine konkrete Musterrechnung folgt später.

Auswahl der richtigen Wertpapiere

Lahme Enten nehmen Sie idealerweise gar nicht erst in Ihr Depot. Gemeint sind etwa Titel wie die Deutsche Telekom, die auch fast zwei Jahrzehnte nach ihrem spektakulären Kursverfall noch immer nicht aus dem Quark kommen. Es gilt also, langfristig aussichtsreiche Aktien zu identifizieren und gegebenenfalls auch andere Wertpapiere wie Anleihen, falls Ihr Anlagehorizont kürzer ist. Müssen Sie deswegen aber zum Börsenprofi werden, um Ihre 50 000 Euro (abzüglich Notfallreserve) mit Wertpapier-Investments profitabel anzulegen? Nein! Sie haben grundsätzlich drei Optionen:

- **Eigene Aktienauswahl:** Sie können den Aktienmarkt verfolgen und die Titel selbst auswählen, die Ihnen am aussichtsreichsten erscheinen. Kennzahlen und Informationen aus Börsen-Magazinen, Börsen-Briefen und Börsen-Plattformen (zum Beispiel www.finanzen.net und www.boerse.de) helfen Ihnen dabei. Unsere Favoriten sind vor allem Aktien aus dem Konsumgüter-, Nahrungsmittel- und Pharmabereich – vorzugsweise solche, die sich starke Marken aufgebaut haben und über eine große Marktmacht verfügen. Denn diese Branchen hängen nicht so stark am Tropf der Konjunktur wie beispielsweise die Autoindustrie oder der Maschinenbau (die wichtigsten Kriterien und Kennzahlen bei der Aktienauswahl verraten wir Ihnen in Kapitel 9).

- **Aktiv gemanagte Fonds:** Genauso gut können Sie auch auf einen aktiv gemanagten Aktien- oder Mischfonds setzen. Bei aktiv gemanagten Aktienfonds überlassen Sie die Auswahl der Wertpapiere dem Fondsmanagement. Dafür zahlen Sie der Fondsgesellschaft eine jährliche Gebühr, die automatisch von Ihrer investierten Summe abgezogen wird (in der Regel rund 1,5 Prozent p.a.). Aktiv gemanagte Fonds sind auch eine Möglichkeit, bei kürzeren Anlagehorizonten (ca. fünf Jahre) eine schwankungsarme Streuung hinzubekommen. Genaueres dazu lesen Sie in Kapitel 8.

- **Passiv gemanagte Fonds (= Indexfonds = ETFs):** Sie können auch einfach auf Indexfonds setzen, die ganze Aktienmärkte abbilden. Solche Fonds heißen ETFs, die Abkürzung steht für *Exchange Traded Funds*, übersetzt: börsengehandelte Fonds. Ein DAX-ETF bildet beispielsweise den DAX ab, ein Stoxx-50-ETF den europäischen Standardwerte-Index Stoxx 50. Zugegeben: In einem Index sind nicht nur Gewinner-Aktien. Aber immerhin werden üblicherweise genau die Unternehmen in einen Index aufgenommen, die in der Vergangenheit erfolgreich waren und die folglich einen hohen Börsenwert haben. Vielleicht haben nicht alle die besten Aussichten. Wichtiger ist aber: Die Aktiengesellschaften mit einem gescheiterten Geschäftsmodell werden frühzeitig aus dem Index verbannt und belasten nicht mehr. Ein Blick auf die Kosten eines ETFs als Index-Abbild zeigt auch: ETFs sind viel günstiger als aktiv gemanagte Fonds. Sie kosten nur rund ein Zehntel. Da die wenigsten aktiv gemanagten Fonds zudem langfristig besser sind als der Gesamtmarkt, sind ETFs eine sehr gute Alternative. Näheres finden Sie in Kapitel 7.

Wiederanlage der Dividenden (Zinseszinseffekt)

Ihr Ziel ist vorrangig der Vermögensaufbau für später, und Sie wollen aktuell keine laufenden Einkünfte aus Ihrer Geldanlage beziehen? Dann sollten Sie alle Ausschüttungen, die Sie erhalten, wieder investieren. Wer beispielsweise Aktien im Depot hat, bekommt in aller Regel als Ausschüttung eine Dividende, sprich einen Anteil vom Gewinn der betreffenden Aktiengesellschaft. Dividenden schütten deutsche AGs jährlich (eine große Auszahlung), US-amerikanische AGs sogar vierteljährlich aus (vier kleinere Ausschüttungen). Bei Anleihen gibt es laufende Zinszahlungen. All das landet dann auf dem Verrechnungskonto, das zu Ihrem Depot gehört. Das betreffende Geld sollten Sie möglichst schnell wieder in Aktien, Aktienfonds oder Mischfonds stecken. Denn durch den Zinseszinseffekt wird Ihre Geldanlage sehr viel profitabler als ohne. Langfristige Untersuchungen an reinen Aktien-Investments zeigen: 30 bis 50 Prozent der Gewinne beruhen auf den Dividenden (und Reinvestition der Dividenden) und nicht etwa auf Kursgewinnen.

Allerdings belaufen sich die Ausschüttungen oft nur auf wenige Euro, und Wertpapierkäufe lohnen sich wegen der Transaktionskosten oft erst ab einem Volumen von 1000 Euro … Was also tun? Die Lösung heißt Aktien-, Fonds- oder ETF-Sparplan: Sie können monatlich, viertel- oder halbjährlich auch kleinere Raten in eine einzelne Aktie beziehungsweise in einen Fonds oder ETF stecken. Hier sind bei vertretbaren Kosten schon Raten ab 25 Euro möglich (wir empfehlen Sparraten ab 50 Euro). Günstige Anbieter von Fondssparplänen verlangen 1,5 Prozent pro Ratenkauf. Das ist vertretbar.

Für Sie ein neuer, positiver Trend: Zum Teil bieten Depotbanken sogar noch günstigere Konditionen bei Sparplänen. Mit den »Schnäppchen-Angeboten« sollen neue Kunden angelockt und alte Kunden gebunden werden. Wer einen Sparplan startet, wird in der Regel der Bank länger treu bleiben.

Übrigens gibt es bei Fonds und ETFs eine einfache Methode, die Ausschüttungen automatisch wieder anzulegen: Wählen Sie einen thesaurierenden Fonds beziehungsweise ETF. Das Wort »Thesaurus« bedeutet »Schatz«, und ein thesaurierender Fonds investiert die laufenden Ausschüttungen automatisch wieder ins Fondsvermögen. Ihnen werden als Anleger dann einfach mehr Fondsanteile gutgeschrieben oder aber die Fondsanteile, die Sie schon haben, werden dann wertvoller.

Kapitel 5
Wie Sie ein Depot eröffnen, Wertpapiere ordern und einen Sparplan anlegen

Zum Kauf börsengehandelter Wertpapiere brauchen Sie ein Depot, also eine Art elektronische Lagerstelle für Ihre Aktien, Fonds und ETFs. Sie haben die Wahl zwischen verschiedensten Depotbanken, die alle um die Gunst der potenziellen Anleger ringen. Wir legen Ihnen vor allem Online-Broker nahe (das Wort »Broker« ist ein anderes Wort für »Depotbank«). Denn hier ist – anders bei Filial-Banken – die Depot-Führung häufig kostenfrei, und auch Wertpapierorders sind dort vergleichsweise günstig.

Aus eigener Erfahrung und aus den Berichten unserer Leser in der Redaktionssprechstunde können wir beispielsweise folgende Depotbanken guten Gewissens empfehlen (sie gehören bei den Ordergebühren zwar nicht zu den Billigheimern, warten dafür aber auch nicht mit versteckten Kosten an anderer Stelle auf):

- Consorsbank (eine Tochter der französischen Großbank BNP Paribas)
- Comdirect (Mehrheitsaktionärin dieses Brokers ist die Commerzbank)
- ING-Diba (Tochter der niederländischen ING Groep)

Alle drei Broker sind Direktbanken. Das heißt: Sie führen ein Online-Depot und geben Ihre Wertpapierorders in aller Regel auch online auf. Alternativ können Sie die Order auch per Telefon oder Fax aufgeben. Da dies aber teils mit erheblichen Mehrkosten verbunden ist, raten wir Ihnen davon ab.

So eröffnen Sie ein Depot

Zur Depoteröffnung erforderlich sind einige Eingaben in ein Online-Formular der Depotbank, die Sie sich ausgesucht haben. Dieses Formular finden Sie am leichtesten, wenn Sie in die Suchmaschine Google die Wörter »Depot eröffnen« eingeben und daneben den Namen der betreffenden Depotbank tippen. Zunächst werden Sie gefragt, ob Sie ein Einzel- oder ein Gemeinschaftsdepot eröffnen wollen (Letzteres ist bei Ehepaaren durchaus sinnvoll) und ob dieses Depot für Minderjährige eröffnet werden soll (was Sie zumindest dann verneinen können, wenn Sie nicht für Ihre Kinder oder Enkel Geld anlegen wollen). Abgefragt werden anschließend üblicherweise:

- Ihr Name, Ihre Adresse, Ihr Geburtsdatum, Ihre Staatsangehörigkeit, Ihre E-Mail-Adresse und Telefon- beziehungsweise Mobilfunknummer
- Ihr steuerlicher Wohnsitz und Angaben dazu, ob Steuerpflicht in einem anderen Land besteht
- Ihre Steuer-Identifikationsnummer (wegen Abgeltungssteuer und Sparerpauschbetrag)
- Ihr Beruf oder Berufsfeld sowie Ihr Berufsstatus (angestellt, verbeamtet oder selbstständig)
- Ihre Erfahrungen mit Wertpapieren

- Ihr Jahreseinkommen und das verfügbare Vermögen (diese Frage müssen Sie nicht beantworten)

- Ein sogenanntes Referenzkonto. Es handelt sich dabei um das Konto, von dem die Raten etwa für einen Fondssparplan abgebucht werden sollen oder auf das Sie später etwa Überschüsse überweisen wollen, die Sie mit der Geldanlage erzielt haben. Denn das Verrechnungskonto, das stets zusammen mit dem Depot eröffnet wird, bietet nicht den gleichen Funktionsumfang wie ein normales Girokonto. Überweisungen sind in der Regel nur möglich auf eben dieses Referenzkonto – ein Konto, das Sie selbst benennen. Üblicherweise ist dies Ihr Girokonto.

- Ihre Präferenz im Hinblick auf die angebotenen TAN-Verfahren. In der Regel haben Sie die Wahl zwischen mTAN (TAN wird auf Ihr Mobiltelefon gesendet) oder einem TAN-Generator, den Sie als Gerät dann zugesendet bekommen und mit dem Sie für jede Transaktion (Wertpapierorder oder Geldüberweisung) eine eigene TAN erzeugen können.

Nachdem Sie die Allgemeinen Geschäftsbedingungen beziehungsweise die rechtlichen Hinweise und die Datenschutzerklärung mit einem Häkchen akzeptiert haben, klicken Sie auf »Depot eröffnen«. Dann können Sie Ihren Eröffnungsantrag ausdrucken und unterschrieben an die Depotbank senden. Manche Depotbanken schicken Ihnen diesen auch per Post zur Unterschrift zu.

Im nächsten Schritt geht es um die Identifizierung Ihrer Person – denn bei einer Online-Bank können Sie ja nicht einfach in die Filiale gehen, um dort persönlich vorstellig zu werden. Prinzipiell gibt es zwei Möglichkeiten:

- Beim **Postident-Verfahren** erhalten Sie die Unterlagen per Post. Damit marschieren Sie dann zur nächsten Post-Filiale, wo sie Ihren Personalausweis vorlegen und einige Dokumente unterschreiben müssen.

- Die Alternative heißt **Video-Ident-Verfahren** und wird nur von manchen Depotbanken angeboten. Dazu laden Sie sich eine App (ein kleines Softwareprogramm) auf Ihr Smartphone herunter und geben die Registrierungsnummer Ihres Eröffnungsantrags sowie einige persönliche Daten von Ihrem Personalausweis in ein Formular ein. Daraufhin meldet sich ein Bank-Mitarbeiter bei Ihnen, der Sie dann durch das Verfahren führt. Auch hier geht es nicht ohne Personalausweis.

Sobald Ihr Eröffnungsantrag geprüft und die Identifizierung per Postident- oder Video-Ident-Verfahren abgeschlossen ist, erhalten Sie die Zugangsdaten zu Ihrem Depot und zum zugehörigen Verrechnungskonto. In einem ersten Schritt überweisen Sie dann Geld auf dieses Verrechnungskonto. Denn das ist nötig, um überhaupt die ersten Wertpapiertransaktionen auszuführen.

Orderaufgabe: Wie Sie eine Aktie, einen Fonds oder einen ETF kaufen

Sie haben jetzt ein Depot eröffnet und genügend Geld auf das zugehörige Verrechnungskonto überwiesen, um die ersten Wertpapiere zu kaufen. Dazu geben Sie eine sogenannte Order auf – den Kaufauftrag (übrigens spricht man auch bei einem späteren Verkaufsauftrag von »Order«).

Bei den meisten Brokern finden Sie die Schaltfläche »Order aufgeben«. Zunächst erforderlich ist die Eingabe der **Wertpapierkennnummer** (kurz: WKN) oder der **International Securities Identification Number** (kurz: ISIN), dem weltweit gültigen Pendant zur WKN. Jedes börsengehandelte Wertpapier ist durch diese Nummern eindeutig gekennzeichnet, also jede Aktie, jeder ETF und auch jeder Fonds. Als Nächstes können Sie wählen, ob Sie das betreffende Wertpapier kaufen oder verkaufen wollen. Anfangs wählen Sie selbstverständlich »Kauf«.

Nun müssen Sie sich festlegen, welchen **Handelsplatz** Sie wählen möchten. Hier liegen Sie bei den in diesem Buch empfohlenen Aktien mit Xetra oder Tradegate fast immer richtig. Xetra ist der größte börsliche Handelsplatz in Deutschland und funktioniert vollelektronisch, Tradegate ist eine Privatanlegerbörse, die auf Provisionen für ihre Makler (also Börsenhändler) verzichtet und daher in Sachen Gebühren recht attraktiv ist. Beide Börsen werden von der Deutschen Börse AG betrieben. Es gibt aber auch noch andere Börsen wie Stuttgart, München, Düsseldorf oder Hamburg-Hannover, die alternativ zur Auswahl stehen (speziell beim Fondskauf sind diese Börsenplätze sehr attraktiv). Ihr Broker zeigt Ihnen meistens an, zu welchen Kursen und in welchem Handelsvolumen (Stückzahl) das gewünschte Wertpapier jüngst gehandelt wurde. Wenn Sie diejenige mit dem größten Handelsvolumen wählen, sind Sie auf der sicheren Seite. Den außerbörslichen Direkthandel meiden Sie besser – er kommt nur in Betracht, wenn Sie schon etwas Erfahrung mit der Orderaufgabe haben und wissen, worauf Sie achten müssen.

Als Nächstes verlangt die Ordermaske von Ihnen die Eingabe der **Stückzahl**. Akzeptiert werden nur Stückzahlen, für die das Geld auf Ihrem Verrechnungskonto reicht. Auch die Ordergebühren werden in dieses Kalkül einbezogen. Rechnen Sie pro Kauf – je nach Depotbank, Ordergröße und Handelsplatz – mit 5 bis 25 Euro pro Order: Denn ein Teil der Ordergebühren ist fest (meist mindestens 5 Euro), ein Teil hängt vom Ordervolumen ab, also vom Betrag, für den Sie beispielsweise eine Aktie kaufen wollen. Hier wird ein prozentualer Anteil als Gebühr fällig. Hinter dem Wort »Stückzahl« finden Sie manchmal den Begriff »Nominal« oder »Nominalbetrag«. Diesen können Sie ignorieren, er ist nur wichtig für Anleger, die Anleihen kaufen, also eine ganz andere Wertpapiergattung.

Bei **Ordertyp** haben Sie die Wahl zwischen »Billigst« oder »Limit«. Bei großen Aktien, sogenannten Standardwerten, aus dem DAX, Dow Jones, Euro Stoxx 50 oder sonstigen Leitindizes können Sie einfach »Billigst« wählen. Dann erhalten Sie die gewünschte Aktie zu dem Börsenpreis, der gerade aktuell ist. Dagegen empfiehlt sich ein »Limit« (also ein Höchstpreis, den Sie maximal zahlen wollen) dann, wenn Sie Aktien weniger großer Unternehmen ordern. Sie geben diesen Preis manuell in das Feld ein, das sich öffnet, wenn Sie bei »Limit« ein Häkchen gesetzt haben. Wie gesagt, Limits lohnen sich bei kleineren Aktiengesellschaften, den sogenannten Nebenwerten, die an den Börsen nicht ganz so regelmäßig geordert werden. Setzen Sie das Limit ungefähr bei der letzten Kursstellung. Damit vermeiden Sie unangenehme Überraschungen beim Ausführungskurs. Denn Nebenwerte können sehr schwankungsintensiv sein, und Sie möchten ja nicht gerade dann kaufen, wenn der Kurs einen Sprung nach oben macht.

Schließlich wird noch nach der Gültigkeit Ihrer Order gefragt. Denn gerade bei limitierten Orders kommt es häufiger vor, dass sie nicht sofort ausgeführt werden können. Geben Sie dann ein Datum ein oder wählen »Ultimo«, das heißt: der Monatsletzte. Orders, die länger als einen Monat laufen, empfehlen wir im Regelfall nicht, da sich in zwei oder drei Monaten sehr viel ändern kann. Dann passen vielleicht andere Limits besser. Das alte, noch offene Limit zu löschen und ein neues Limit zu platzieren, kostet bei manchen Banken Geld. Das können Sie sich sparen.

Zum Schluss werden Sie zur TAN-Eingabe aufgefordert. Die TAN erhalten Sie beim mTAN-Verfahren direkt auf Ihr Mobiltelefon. Falls Sie stattdessen einen TAN-Generator angefordert haben, setzen Sie diesen ein, um eine TAN erstellen zu lassen. Mit einem Klick auf »Order aufgeben« schließen Sie den Wertpapierkauf ab.

Im Orderbuch wird Ihr Kaufauftrag jetzt angezeigt, unter »Status« erfahren Sie, ob sie noch offen oder schon ausgeführt ist. Sie finden nach Ausführung einen Orderbeleg im Postfach Ihres Brokers, aus dem alles Wichtige, also Stückzahl, Ausführungszeitpunkt und -kurs sowie Ordergebühren genauestens aufgelistet sind.

So richten Sie einen Sparplan ein

Statt ein Wertpapier einmal für einen größeren Betrag zu kaufen, können Sie auch einen sogenannten Sparplan einrichten. Das heißt: Sie kaufen das gewünschte Wertpapier regelmäßig für immer gleichbleibende Sparraten, zum Beispiel 50 oder 100 Euro im Monat. Möglich ist das bei Fonds, ETFs und bei einigen Brokern auch bei bestimmten Aktien. Ein solcher Sparplan nimmt Ihnen sehr viel Arbeit ab: Einmal eingerichtet, brauchen Sie sich um nichts mehr zu kümmern. Die Käufe werden automatisch getätigt, Sie haben aber stets die Möglichkeiten, den Sparplan zu stoppen, Sparintervall, Sparrate zu erhöhen, zu verringern oder auszusetzen beziehungsweise ein ganz anderes Wertpapier zu besparen.

Die Einrichtung ist denkbar unkompliziert. Wenn Sie sich in Ihr Depot eingeloggt haben, genügt ein Klick auf die Schaltfläche »Sparplan« oder »Sparplan einrichten«. Erforderlich sind dann nur wenige Eingaben, die im Handumdrehen erledigt sind:

- WKN oder ISIN des gewünschten Fonds, ETFs oder der gewünschten Aktie

- Kaufintervall (monatlich, vierteljährlich, halbjährlich, jährlich)
- Höhe der Sparrate (50 Euro, 100 Euro, 150 Euro, 200 Euro …)
- Referenzkonto (Bankkonto, von dem die Sparrate abgebucht werden soll)

Die meisten Broker verlangen eine feste Provision für Sparpläne, in der dann auch die Ordergebühren enthalten sind. Diese Provision beläuft sich meist auf 1,5 bis 2 Prozent der Sparrate (zwecks Kundengewinnung oder Kundenbindung gibt es aber auch regelmäßig Angebote, die noch günstiger sind; vergleichen Sie im Internet unterschiedliche Broker-Angebote). Meiden sollten Sie jedoch Sparplan-Angebote,

- bei denen die Depotbank zusätzlich pro Kauf noch eine Fixgebühr verlangt. Das verteuert den Kauf umso mehr, je kürzer Sie das Kaufintervall wählen. Angenommen, Sie wollen monatlich sparen und Ihr Broker verlangt pro Rate 2 Euro fix: Dann zahlen Sie im Jahr 24 Euro zusätzlich. Das muss nicht sein!
- für aktiv gemanagte Fonds, bei denen es keinen Rabatt auf den Ausgabeaufschlag, also die übliche Kaufgebühr gibt, die die Fondsgesellschaft erhebt. Hier zahlen Sie bis zu 5,5 Prozent der Sparrate zusätzlich. Das ist viel zu viel. Die meisten Broker haben Sonderangebote, bei denen dieser Ausgabeaufschlag entweder ganz erlassen oder zumindest auf die Hälfte reduziert wurde. Wenn Sie einen bestimmten Fonds im Auge haben, tippen Sie seinen Namen oder seine WKN mal zusammen mit dem Begriff »Sparplan« in Google ein – dann sehen Sie schnell, wo solche Angebote zu haben sind. Zur Not eröffnen Sie für den Sparplan ein zweites Depot.

Kapitel 6

Investmentfonds: Die Basis für Ihren Vermögensaufbau

Die Diversifikation, also die Risikostreuung, sorgt dafür, dass Sie an der Börse die Risiken nicht ganz ausschalten, aber doch zumindest stark reduzieren können. Es geht dabei darum, nicht nur auf ein bestimmtes Investment zu setzen, sondern gleich auf mehrere. Doch auch wenn das Gebot der Stunde »Diversifikation« lautet, brauchen Sie nicht zig Wertpapiere kaufen, um diesem Anspruch gerecht zu werden. Denn es gibt Geldanlagen, bei denen die Risikostreuung quasi schon im Bauplan enthalten ist: die sogenannten offenen Investmentfonds, oft auch einfach kurz »Fonds« genannt. Da kaufen Anleger einzelne Fondsanteile, und das Geld, das auf diese Weise zusammenkommt, wird in verschiedene Wertpapiere beziehungsweise Vermögensklassen investiert. Üblicherweise ist dabei von vornherein klar, wie die Mischung der einzelnen Vermögensklassen, etwa Aktien, Anleihen, Immobilien oder Edelmetalle, aussieht. Als Anleger können Sie jederzeit Fondsanteile kaufen oder auch wieder verkaufen.

Warum wir offene Fonds gegenüber geschlossenen bevorzugen

Vielleicht hat die Bezeichnung »offene Investmentfonds« Sie zunächst stutzig gemacht. Warum »offene« Fonds? Tatsächlich gibt es auch geschlossene. Im Unterschied zu den offenen wird hier nur anfangs eine bestimmte Geldsumme durch den Verkauf von Anteilen eingesammelt. Das eingesammelte Geld dient dann einem ganz bestimmten Projekt, beispielsweise der Finanzierung eines Bürogebäudes oder Containerschiffes. Ist genug Geld beisammen, wird der Fonds geschlossen. Er nimmt keine neuen Anteilseigner auf, und es werden auch keine Fondsanteile mehr verkauft. Dafür verpflichtet sich jeder Anteilseigner, sein Geld auf eine bestimmte Zeit im Fonds zu belassen, beispielsweise fünf, zehn oder gar 20 Jahre. Von solchen geschlossenen Investmentfonds sprechen wir nicht, wenn wir Sie zur Geldanlage in Fonds ermutigen. Wir meinen die offenen. Im Kapitel 1 haben wir bereits vor geschlossenen Fonds gewarnt. Hier noch einmal die Zusammenfassung.

Vorsicht: Geschlossene Fonds für Privatanleger nicht geeignet

Einige Finanz- und Bankberater empfehlen Privatkunden geschlossene Fonds mit dem Hinweis, dass ein Handel an einem Zweitmarkt möglich sei, dass es also auch Käufer außerhalb der Fondsgesellschaft gebe, die vor Ende der Laufzeit einspringen könnten. So hat sich zum Beispiel die Börse Hamburg auf geschlossene Fonds spezialisiert und bietet Interessenten eine Handelsplattform unter der Internet-Adresse www.zweitmarkt.de an. Das ist zumindest ein Schritt in die richtige Richtung und daher aus Anlegersicht zu begrüßen. Dennoch raten wir Privatanlegern ohne eigenes Expertenwissen in dieser Materie strikt von geschlossenen Fonds ab. Die zwei wichtigsten Gründe: Der Markt ist zu klein und zu wenig liquide, sprich hier werden viel zu wenige dieser Papiere gehandelt. Es ist zweifelhaft, ob Sie im Notfall wirklich einen Käufer für Ihren geschlossenen Fonds finden. Völlig offen ist auch, welchen Preis Sie dann für Ihre Fondsanteile erhalten. In den meisten Fällen müssen Sie bei geschlossenen Fonds mit hohen Preisabschlägen rechnen, wenn Sie vorzeitig aussteigen. Offene Investmentfonds können Sie dagegen an die Fondsgesellschaft zurückgeben und erhalten dafür den tagesaktuellen Kurs. Das ist transparent, einfach und fair.

So funktionieren offene Fonds

Offene Investmentfonds nehmen in der Regel unbegrenzt Anteilseigner mit frischem Geld auf. Die Geldsumme, die durch den Verkauf von Fondsanteilen zusammenkommt, wird nicht von vornherein limitiert - und sie wird auch nicht nur für ein einziges bestimmtes Bau- oder Finanzierungsprojekt verwendet. Vielmehr wird das Geld der Anleger in verschiedene Vermögensklassen und Wertpapiere investiert. In was genau, das steht in den Statuten des Fonds, also quasi in seinen Anlageregeln, die von Anfang an öffentlich gemacht werden. Sie sehen also im Fondsprospekt, welche Schwerpunkte der jeweilige offene Fonds setzt und (bis) zu welchen Anteilen er genau auf welche Wertpapiere und Vermögenswerte setzt (zum Beispiel auf »Aktien Standardwerte Deutschland« oder »Anleihen Schwellenländer«).

Einmal gekaufte Anteile offener Investmentfonds können Sie außerdem jederzeit wieder verkaufen. Es gibt keine Mindesthaltedauer und keinen Fälligkeitszeitpunkt. Ihr Geld ist also im Unterschied zu den geschlossenen Fonds nicht für eine bestimmte Laufzeit einbetoniert, sondern im Prinzip jederzeit wieder verfügbar. Als Käufer tritt dabei nicht bloß die Fondsgesellschaft (Kapitalanlagegesellschaft, kurz KAG) auf, sondern Sie können Ihre Fondsanteile auf Wunsch auch einfach über eine Börse an andere Anleger verkaufen, wenn der betreffende Fonds börsennotiert ist (und davon gibt es immer mehr). Das macht Sie zeitlich flexibel. Auch wenn eine längere Haltedauer meist von Vorteil ist, müssen Sie nicht langfristig investieren, wenn Sie das nicht wollen. Die

Palette der offenen Investmentfonds ist erstaunlich vielfältig. Die wichtigsten stellen wir Ihnen im nächsten Abschnitt vor.

Aktienfonds, Mischfonds, Rentenfonds & Co.: Für jeden Anleger ist was dabei

Fonds, also offene Investmentfonds, investieren in verschiedene Wertpapiere und Vermögensklassen. In welche sie jeweils investieren, ist ein wichtiges Auswahlkriterium für Sie als Anleger. Zunächst einmal geht es um die Anlageklasse und das Mischungsverhältnis. Demnach sind die wichtigsten Fondskategorien folgende:

- **Aktienfonds** investieren praktisch ausschließlich in Aktien, also Unternehmensanteile. Lediglich eine Reserve an Bargeld kommt in der Regel noch dazu. Dabei gibt es Fonds, die global investieren (»Aktien weltweit«), und andere, die sich auf ein bestimmtes Land oder eine bestimmte Region beschränken (»Aktien Deutschland«, »Aktien Europa«, »Aktien Nordamerika«). Außerdem differenzieren Fonds häufig nach der Größe der Unternehmen, von denen sie Aktien kaufen. Ein Aktienfonds »Standardwerte Deutschland« wird vor allem auf Aktien der großen Unternehmen setzen, die im deutschen Leitindex DAX vertreten sind. Ein Aktienfonds »Nebenwerte Deutschland« setzt dagegen auf kleinere Unternehmen aus dem MDAX oder SDAX, also den beiden Indizes mit Unternehmen von geringerem Börsenwert. Oder er kauft sogar Aktien von Unternehmen, deren Börsenwert so gering ist, dass sie in überhaupt keinem Aktienindex vertreten sind. Aktienfonds gibt es auch entsprechend verschiedenen Themen und Branchen. So mag ein Schwellenländer-Aktienfonds beispielsweise vorwiegend in chinesische, brasilianische und indische Aktiengesellschaften investieren. Ein Aktienfonds

»Automotive & Parts« setzt auf die Automobilbranche mitsamt ihren Zulieferern. Die Palette ist riesig! Aber vorsichtig: Die Fondsanbieter decken nicht nur langfristige Themen ab, sondern auch kurzfristige »Modethemen«. Bei neu aufgelegten Fonds sollten Sie daher vorsichtig sein. Sie wissen nicht, ob der neue Anlageschwerpunkt auch langfristig einen Fonds trägt, und Sie können noch nicht die Qualität der Fondsmanager beurteilen, weil es noch keine Performance-Zahlen gibt (Wertentwicklung des Fonds über drei, fünf oder zehn Jahre).

- **Rentenfonds,** auch Anleihenfonds genannt, investieren zu nahezu 100 Prozent in Anleihen. Das sind Wertpapiere, die von Staaten und Unternehmen herausgegeben werden, die sich dadurch am Kapitalmarkt Geld leihen. Solche Papiere heißen in der Fachsprache auch Renten(papiere). Es gibt Rentenfonds, die sich auf ein bestimmtes Land oder eine Region beschränken. Und andere, die beispielsweise ausschließlich auf Staatsanleihen oder ausschließlich auf Unternehmensanleihen setzen. Bestimmte Rentenfonds, die sogenannten »High Yield Funds« (Hochzins-Fonds), investieren vorwiegend in hochverzinste, aber dafür in höherem Maße von einem Zahlungsausfall bedrohte Anleihen in der Hoffnung, dass unterm Strich nur wenige Ausfälle passieren und dass die hohen Zinsen der anderen Anleihen im Fondsportfolio dies mehr als wettmachen.

- **Mischfonds** investieren in mehrere Vermögensklassen – meist zumindest in Aktien und in Anleihen. Manche erweitern ihr Portfolio (also das Spektrum ihrer Geldanlagen) auch noch, etwa um börsennotierte Immobilienpapiere oder Edelmetalle. Bei Mischfonds bestimmt im Wesentlichen der Aktienanteil darüber, wie rentabel, aber auch wie schwankungsstark sie sind. Als »offensiv« oder »aggressiv« werden zumeist Mischfonds mit hoher Aktienquote bezeichnet, die zu 70 Prozent oder mehr in Aktien investieren. »Ausgewogen« (Englisch: *balanced*) nennt man dagegen Mischfonds, bei denen sich Aktien- und Anleiheanteil ungefähr die Waage halten. Den Beinamen »defensiv« tragen Mischfonds mit einem hohen Anleiheanteil. Zwar unterliegen auch Anleihen während ihrer Laufzeit bestimmten Kursschwankungen, aber diese sind in aller Regel längst nicht so stark wie bei Aktien.

In solche offenen Investmentfonds zu investieren, empfiehlt sich bei einem Anlagevermögen von 50 000 Euro sehr. Denn so bekommen Sie die dringend gebotene Streuung am besten hin. Sinnvoll ist ein Mix aus aktiv und passiv gemanagten Fonds – worin der Unterschied besteht, dazu gleich mehr im nächsten Abschnitt.

Aktiv und passiv gemanagte Fonds: Ein wichtiger Unterschied

Fonds unterscheiden sich nicht allein darin, in was sie investieren, sondern auch darin, wie sie gemanagt werden:

Bei **aktiv gemanagten Fonds** ist ein Fondsmanager mit der Auswahl der Wertpapiere im Fondsvermögen (»Portfolio«) betraut. Er prüft laufend die Zusammensetzung, überlegt sich, welche Wertpapiere und Vermögensgegenstände er wegen guter Wertentwicklungschancen ins Portfolio aufnehmen möchte und welche er zwecks Gewinnmitnahme oder wegen schlechter Aussichten wieder abstoßen sollte. Damit kann ein Fondsmanager auf aktuelle Entwicklungen reagieren, Schwankungen verringern und in Sachen Rendite das Beste für die Anteilseigner des Fonds herausholen (auch wenn das längst nicht jedem gelingt). Völlig klar ist aber: Diese Leistung lässt sich die Fondsgesellschaft gut bezahlen. Pro Jahr zahlen Sie für einen aktiv gemanagten Fonds in der Regel

Gebühren zwischen 1 und 2 Prozent des dort angelegten Geldes. Diese Verwaltungsgebühr wird automatisch vom Fondsvermögen abgezweigt. Dadurch mindert sich die Performance, also die Rendite, die der Fonds erreicht.

Im Gegensatz dazu haben die **passiv gemanagten Fonds** (auch Indexfonds oder ETF genannt) keinen Fondsmanager. Den brauchen sie auch nicht. Denn ihre Zusammensetzung bildet einfach einen Index ab, beispielsweise den DAX, EuroStoxx 50, Dow Jones oder Nikkei. Hier schaut also niemand auf die Entwicklungschancen der einzelnen Wertpapiere, und auch die Schwankungen, denen der jeweilige Index und damit auch der Passivfonds unterliegt, werden nicht abgemildert. Dafür aber sind solche Fonds auf der Kostenseite unschlagbar günstig. Bei den meisten gängigen Passivfonds liegt die jährliche Verwaltungsgebühr bei nur 0,08 bis 0,5 Prozent pro Jahr. Erhältlich sind Passivfonds heute praktisch ausschließlich als sogenannte ETFs (Exchange Traded Funds, also börsengehandelte Fonds). Diese kaufen Sie in der Regel nicht bei der Fondsgesellschaft, sondern direkt an der Börse, wie der Name schon sagt. Bekannte ETF-Anbieter sind beispielsweise:

- iShares (dahinter steckt der US-amerikanische Finanzkonzern BlackRock)
- db x-trackers (dahinter steckt die Deutsche Bank)
- ComStage (dahinter steckt die Commerzbank)
- Amundi (dahinter stecken die französischen Großbanken Crédit Agricole und Société Générale)
- Lyxor (dahinter steckt die französische Großbank Société Générale)

Durch den Bauplan als Indexfonds ist klar: Passiv gemanagte Fonds, sprich ETFs, schlagen niemals den Index, liegen aber auch nicht unter der Wertentwicklung des Index. Das klingt nicht besonders anspruchsvoll, aber Untersuchungen zeigen, dass weit über 50 Prozent der aktiven Fondsmanager den Index langfristig nicht schlagen. Wenn Sie nicht eindeutig einen guten Fondsmanager herausfiltern können, sollten Sie besser auf Indexfonds setzen. Diese Kategorie von offenen Investmentfonds lernen Sie gleich im nächsten Kapitel etwas näher kennen.

KAPITEL 7

INDEXFONDS (ETFS): DER TÜRÖFFNER FÜR IHREN BÖRSENEINSTIEG

Wie Sie im vergangenen Kapitel erfahren konnten, bilden passive Indexfonds, oder auch kurz ETF genannt, einen Aktienindex 1 : 1 ab. Steigt der deutsche Aktienleitindex DAX um 3 Prozent, steigt auch der DAX-ETF um 3 Prozent. Das mag trivial klingen, aber aus unserer Sicht handelt es sich dabei um die wahrscheinlich beste Finanzinnovation der vergangenen 50 Jahre. Für diese positive Bewertung sprechen zwei Gründe:

1. **Auch Nicht-Profis können einfach in den Aktienmarkt einsteigen**
   Bevor es Indexfonds gab, musste der Anleger eine qualitativ fundierte Entscheidung treffen, die ohne Fachwissen kaum zu bewältigen war. Er musste vor dem Aktienkauf das Geschäftsmodell eines börsennotierten Unternehmens analysieren und die Zukunftsaussichten bewerten. Ohne Vorwissen und Erfahrung war das kaum zu meistern. Auch vor dem Kauf eines aktiv geführten Aktienfonds musste vorab eine qualitative Analyse durchgeführt werden. Die Schlüsselfragen lauteten: Welcher Fondsmanager hat in der Vergangenheit besser abgeschnitten als der Markt? Wurde das Rendite-Plus mit einem überdurchschnittlichen Risiko erkauft? Und: Wird der Fondsmanager den Markt auch weiterhin schlagen? Mit der Einführung von Indexfonds (ETF) kann quasi jeder Sparer, der über freie Finanzmittel verfügt, relativ einfach, schnell und günstig in den Aktienmarkt investieren.
   Schritt 1: Einen passenden Aktienindex aussuchen (zum Beispiel den deutschen Leitindex DAX oder die US-Indizes Dow Jones und S&P500).

Schritt 2: Einen Indexfonds auf diesen Index aussuchen (das geht im Internet ganz einfach über Spezialportale wie www.extra-funds.de → Rubrik ETF-Tools oder www.justetf.com → ETF-Suche).
Mit einem Indexfonds erreichen Sie die gleichen Renditen wie der jeweilige Index (langfristig können Sie bei Aktien dank der Kurssteigerungen und Dividenden, die auch alle in den Indexfonds einfließen, mit rund 8 Prozent Gewinn pro Jahr rechnen). Sie sind damit niemals besser als der Markt, aber auch niemals schlechter – und damit schlagen Sie bereits viele Anleger, die ohne Strategie und Plan investieren. Charlie Munger, der kongeniale Geschäftspartner der Investoren-Legende Warren Buffett, hat das wie folgt ausgedrückt: »Zu wissen, was man nicht weiß, ist nützlicher, als brillant zu sein.« Wenn Sie also kein Aktien-Experte sind, ist es besser, die Finger von Einzelwerten zu lassen und auf den Gesamtmarkt (sprich: auf einen Aktienindex) zu setzen. Seth Klarman, ebenfalls ein berühmter Investor, bringt es auf den Punkt: »Wenn Sie den Markt nicht schlagen können, müssen Sie selbst der Markt sein.« Indexfonds ermöglichen Ihnen das. Noch etwas drastischer formuliert es Warren Buffett: »Durch regelmäßige Investitionen zum Beispiel in einen Indexfonds kann ein unwissender Anleger sogar die meisten Anlageprofis schlagen. Wenn ›dummes‹ Geld seine eigenen Grenzen anerkennt, hört es paradoxerweise auf, dumm zu sein.«

2. **Die Kosten sind so günstig, dass quasi jeder investieren kann**

Vor der Einführung von Indexfonds waren Anleger, die nicht auf einzelne Aktien setzen wollten, gezwungen, in relativ teure, aktiv geführte Aktienfonds zu investieren. Die Fondsgesellschaften ließen sich diese »Notsituation« der Anleger fürstlich bezahlen. Beim Kauf eines Aktienfonds musste der Sparer rund 5 Prozent Ausgabeaufschlag zahlen. Das bedeutet: Wenn Sie damals 10 000 Euro in einen solchen Fonds investiert hätten, wären Ihnen Fondsanteile im Wert von nur 9500 Euro gutgeschrieben worden. 500 Euro hätte die Fondsgesellschaft direkt bei der Investition als »Eintrittsgeld« kassiert. Danach hätten Sie zusätzlich rund 1,0 bis 2,0 Prozent Managementgebühren pro Jahr an die Fondsgesellschaft berappt. Sie können sich leicht ausrechnen: Diese Gebühren waren Rendite-Killer! Mit der Einführung von Indexfonds wurde die Fondswelt revolutioniert. Die Kosten für die Anleger sind implodiert. Zum einen können Sie sehr günstig in Indexfonds einsteigen. Ein Ausgabeaufschlag wird im Regelfall nicht erhoben und die jährlichen Managementgebühren liegen bei nur 0,08 bis 0,5 Prozent pro Jahr. In den USA geht der Trend sogar Richtung 0,00 Prozent Gebühren. Als Kundengewinnungs- und Kundenbindungs-Maßnahme werden wir das auch in Deutschland erleben. Je liquider (also gängiger) der Index, desto günstiger die Gebühren. Und genau auf diese großen und bekannten Indizes sollten Sie sich als Privatanleger auch konzentrieren. Der Faktor Kosten spielt bei den Indexfonds dann praktisch keine Rolle mehr. Zum anderen mussten aber auch die aktiv geführten Fonds auf die passive, günstige Konkurrenz reagieren. Viele beliebte Aktienfonds sind jetzt über die Börse handelbar. Ihr Vorteil als Käufer: Beim Kauf über die Börse entfällt der Ausgabeaufschlag. Stattdessen wird nur die Differenz zwischen Ankaufs- und Verkaufspreis fällig. Und das sind oft nur 0,5 bis maximal 2 Prozent. Im Vergleich zum Ausgabeaufschlag in Höhe von 5 Prozent ist das ein gewaltiger Kostenvorteil. Sie sehen: Die Einführung der Indexfonds hat zu einer deutlichen Kostenentlastung geführt. Die Kosten sind kein Grund mehr, Fondsinvestments zu meiden.

Das müssen Sie über Indizes wissen

Die Investition in Indexfonds, sprich ETFs, ist denkbar einfach. Aber eine »Hausaufgabe« müssen Sie vorab erledigen. Sie müssen eine Antwort finden auf die Frage, in welchen Aktienindex Sie Ihr Geld investieren möchten. Hier kurz ein Überblick, was überhaupt ein Aktienindex ist:

Im Grunde ist ein Index eine Kennzahl, welche die Kursentwicklung eines bestimmten Marktsegments abbildet. Klingt kompliziert, ist es aber nicht. Beim Deutschen Aktienindex, dem DAX, zum Beispiel errechnet sich diese Kennzahl vereinfacht gesagt aus den 30 wichtigsten, an der Börse notierten deutschen Unternehmen, also denjenigen, die den höchsten Börsenwert haben und am häufigsten gehandelt werden. Steigen die Kurse dieser Unternehmen, steigt auch der DAX. Fallen die Kurse, geht auch der DAX auf Talfahrt.

Ein Index zeichnet also die allgemeine Kursentwicklung für einen bestimmten Marktbereich nach und ist damit ein wichtiger Lieferant von Informationen. Als Anleger können Sie mit einem Blick erfassen, was sich an den Börsen in bestimmten Segmenten gerade abspielt und wie die Tendenz ist. Den Stand der wichtigsten Indizes erfahren Sie problemlos aus den Medien. Wer in einen Index investiert hat (etwa durch ETFs), kann sich die aufwendige, regelmäßige Kontrolle einzelner Kurse schenken.

Wie wird der Index berechnet?

Neben den reinen Aktienkursen beeinflussen aber noch einige andere Faktoren den Stand eines Index. So stellt sich zum Beispiel die Frage nach der Gewichtung der einzelnen Mitgliedswerte. Eine Möglichkeit ist, die Summe aller Aktienkurse durch die Anzahl der Unternehmen im Index zu teilen. Statistisch allerdings kommt bei dieser Berechnung ein unsinniges Ergebnis heraus, denn so erhält das Unternehmen mit dem höchsten Aktienkurs automatisch das größte Gewicht. Ein Index, der dennoch auf diese Art berechnet wird, ist der Dow Jones.

Die meisten Indizes gewichten aber die enthaltenden Aktien mithilfe des Börsenwertes ihrer Mitgliedsunternehmen. Dabei wird die sogenannte Marktkapitalisierung errechnet, also die Zahl der Aktien mit deren Kurs multipliziert. Eine Gewichtung nach Börsenwert liegt den meisten Indizes zugrunde, unter anderem dem deutschen Leitindex DAX.

Und noch eine weitere Sicherung wird häufig eingebaut: die Kappungsgrenze. Sie soll verhindern, dass ein einzelnes Unternehmen allzu großen Einfluss auf den Index nimmt. Beim DAX liegt die Kappungsgrenze bei 10 Prozent. Das heißt: Steigt der Börsenwert eines Unternehmens so sehr an, dass es mehr als 10 Prozent des DAX ausmacht, wird es dennoch nur mit maximal 10 Prozent bei der Indexberechnung berücksichtigt. Eine sinnvolle Regelung, die bei modernen und guten Indizes inzwischen zum Standard gehört.

Performance- oder Kurs-Index – diesen Unterschied sollten Sie kennen

Ebenso wichtig wie die Gewichtung ist bei der Berechnung und Beurteilung eines Index die Frage, ob es sich um einen reinen Kurs-Index oder um einen Performance-Index handelt. Was ist was?

- Bei einem **Kurs-Index** fließen die Dividenden, die von den Mitgliedsunternehmen ausgeschüttet werden, nicht in die Berechnung ein. Berücksichtigt werden ausschließlich die

Kurse der Aktien. Nach diesem Prinzip arbeiten zahlreiche Indizes, etwa der Dow Jones, der Standard & Poor's 500 und der Euro Stoxx 50.

- Bei einem **Performance-Index** dagegen werden die Dividenden in die Berechnung des Punktestands einbezogen. Die Folge ist klar: Im direkten Vergleich steigt ein Performance-Index stärker an als ein reiner Kurs-Index. Zu den wenigen Indizes, die so rechnen, gehören DAX, MDAX und SDAX.

Mit Indexfonds (ETFs) können Sie fast jeden Markt abdecken

Indizes gibt es wie Sand am Meer. Neben den ganz bekannten wie DAX, MDAX, Dow Jones, Nikkei, EuroStoxx 50 etc. können Sie solche zu bestimmten Branchen zurate ziehen, in denen etwa nur Pharma-, Medien-, Banken- oder Technologieunternehmen in die Berechnung einbezogen werden. Es gibt Indizes für Rohstoffe, für Rentenpapiere oder bestimmte Regionen. Und natürlich finden Sie für nahezu jedes Land auf der Erde auch mindestens einen Länderindex. Mit Indizes können Sie also eine breite Streuung bei Branchen, Regionen oder Ländern erreichen. Eine kleine Auswahl von wichtigen Indizes stellen wir Ihnen jetzt exemplarisch etwas näher vor.

DAX: Deutscher Aktienindex

Der DAX vereinigt die 30 deutschen Aktiengesellschaften mit dem höchsten Börsenwert und den größten Handelsumsätzen. Beim Börsenwert zählen nur Aktien im Streubesitz, nicht aber solche, die in fester Hand sind. Im DAX sind Unternehmen wie die Deutsche Bank, Siemens, BASF, Bayer, Daimler, SAP, Allianz und BMW vertreten. Die Zusammensetzung wird regelmäßig angepasst, das heißt, ein schwächeres DAX-Unternehmen kann in die »zweite Liga«, den MDAX, absteigen und aus dem MDAX steigt dafür ein starkes Unternehmen in den DAX auf.

Den Stand des DAX berechnet und veröffentlicht die Deutsche Börse in Frankfurt. Der DAX ist ein relativ junger und moderner Index (er wird erst seit 1988 berechnet). Zum einen werden die Unternehmen nach ihrem Börsenwert gewichtet, zum anderen gibt es auch noch, wie oben beschrieben, eine Kappungsgrenze von 10 Prozent. Zudem ist der DAX, von dem Sie täglich in den Medien hören, einer der wenigen Performance-Indizes, in seine Berechnung fließen also die Dividenden ein. Es gibt daneben zwar auch einen weiteren DAX, der als Kurs-Index berechnet wird, der fristet aber nur ein Schattendasein und wird nicht weiter beachtet.

Euro Stoxx 50

Der EuroStoxx 50 (eigentlich Dow Jones Euro Stoxx 50) ist ein Kursindex, der 50 Unternehmen aus der Euro-Zone repräsentiert, darunter sind zum Beispiel der französische Ölkonzern Total, der deutsche Mischkonzern Siemens und der italienische Energieversorger ENI. Die Euro-Zone umfasst alle Länder, die den Euro als Währung eingeführt haben, damit sind etwa England, Norwegen oder die Schweiz draußen, bleiben also in diesem Index unberücksichtigt.

MSCI World

Die Abkürzung MSCI steht für Morgan Stanley Capital International. Das ist ein amerikanischer Finanzdienstleister, der gleich mehrere verschiedene Indizes liefert. Der MSCI World Index ist ein reiner Kursindex, der nach modernen Verfahren berechnet wird. Wie sein Name schon sagt, versammelt er Aktien aus der ganzen Welt, insgesamt knapp 2000 Unternehmen sind gelistet. Allerdings ist die Bezeichnung »World« mit Vorsicht zu genießen. So sind nur ca. 20 bis 25 Länder im Index repräsentiert. Außerdem sind US-amerikanische Unternehmen mit etwa 60 Prozent deutlich übergewichtet, gefolgt von europäischen mit ca. 30 Prozent und japanischen mit 10 Prozent. Wichtige Schwellenländer, die längst zu den größten Volkswirtschaften der Welt gehören, kommen im MSCI World kaum vor.

Übrigens können Sie auch via Sparplan in einen ETF investieren. Wie Sie einen solchen einrichten, haben Sie in Kapitel 5 erfahren.

Kapitel 8

Aktive Fonds: Manchmal als Mini-Vermögensverwaltung sinnvoll

Trotz der enormen Vorteile, die Indexfonds in die Fondsbranche gebracht haben, ist es sinnvoll, auch aktiv geführte Fonds auf der Beobachtungsliste und im Depot zu haben. Mögliche Einsatzbereiche:

1. Es gibt keinen passenden Indexfonds (ETF) für das gewünschte Land, die Region oder die Branche (dafür aber aktive Fonds mit dem entsprechenden Schwerpunkt).

2. Die Index-Gewichtung passt nicht zum eigenen Anlagewunsch (so deckt etwa der »Weltindex« MSCI World nicht wirklich die ganze Aktien-Welt ab, sondern konzentriert sich auf US-Aktien mit gut 60 Prozent Indexgewicht und einige weitere Industrienationen).

3. Wenn der Fonds in kritischen Phasen nicht immer zu 100 Prozent in Aktien investiert sein soll, bietet sich ebenfalls kein Indexfonds, sondern ein aktiv geführter Aktien- oder Mischfonds an, der die Aktienquote je nach Marktlage variieren kann.

Hinzu kommt noch eine mittel- bis langfristige strategische Überlegung: Wie mehrfach in diesem Buch beschrieben, haben die Indexfonds die Börsenwelt revolutioniert. Es gibt weltweit bereits über 7000 Exchange Traded Products (dazu zählen auch die ETFs) mit einem Anlagevolumen von aktuell rund 6 Billionen US-Dollar – Tendenz stark steigend. Einige Kritiker stellen jetzt die These auf, dass sich die Index-Produkte »zu Tode siegen werden«. Irgendwann ist so viel Geld in den Indexfonds investiert, dass diese Fonds quasi im Alleingang das Auf und Ab der Aktienmärkte bestimmen. Fließt frisches Geld in die Indexfonds, muss dieses direkt in die betreffenden Index-Aktien investiert werden. Die Aktien im Index marschieren dann im Gleichschritt nach oben. Doch nicht jede Aktie, die in einem großen Index notiert, ist auch ein Top-Wert. Jeder Aktienindex enthält auch Unternehmen, die sich auf dem absteigenden Ast befinden. An sich müssten diese Aktien aus dem Index absteigen, doch die Mittelzuflüsse durch die Indexfonds verhindern die Korrektur. Schwache Werte bleiben dann im Index, aufstrebende Wachstumsunternehmen aus der zweiten und dritten Börsenreihe können nicht mehr nachrücken, weil in diese Nicht-Index-Aktien weniger Anlegergeld fließt. Das Ende vom Lied: Die Indizes verkrusten und schleppen (zu) viele operativ schwache Werte mit. Ab einem gewissen Punkt kann dieses System platzen. Wenn die Käufer von Indexfonds merken, dass sie in Schrott investieren, werden sie den Geldhahn zudrehen und die Indexfonds sogar verkaufen. Das würde die große Bereinigung einleiten.

Und genau dann würde die Stunde der aktiv geführten Aktienfonds schlagen. Die Fondsmanager können komplett frei agieren und sich die Trüffel am Aktienmarkt aussuchen. Wenn die ehemaligen Index-Anleger ihr Geld als Reaktion in die aktiv geführten Fonds investieren, würde hier der nächste Kursaufschwung einsetzen.

Ob dieses Szenario eintritt, kann heute noch niemand sagen. Aber je mehr Geld in die Indexfonds fließt, desto größer die Wahrscheinlichkeit, dass am Ende der Entwicklung die Index-Blase platzt und die »Stockpicker«, also die Fonds und Investoren, die Einzelwerte aussuchen, die Gewinner sein werden. Wie oben geschrieben: Indexfonds (ETFs) sind aus unserer Sicht die wahrscheinlich beste Finanzinnovation der vergangenen 50 Jahre. Aber auch eine sehr gute Idee kann in Übertreibungsphasen zu einem negativen Ergebnis führen. Daher empfehlen wir eine offene Haltung gegenüber Indexfonds *und* aktiv geführten Fonds. Warum sollen Sie ohne Not auf eine Anlage-Option an der Börse verzichten?

Praxistipp: Ein Benchmark-Vergleich bringt Klarheit

Vor dem Fondskauf sollten Sie die Kursentwicklung des Fonds, den Sie in Betracht ziehen, mit der Kursentwicklung der Benchmark vergleichen. Also mit dem Index, der der Anlagestrategie des Fonds am nächsten kommt. Einen Aktienfonds »Standardwerte Deutschland« vergleichen Sie beispielsweise mit dem DAX, einen Aktienfonds »Standardwerte weltweit« mit dem MSCI World. Verlaufen die Charts des Fonds und der Benchmark fast deckungsgleich, lohnt sich der Kauf dieses Fonds nicht. Ein solcher Vergleich klingt nach Profi-Wissen, ist aber in drei Minuten erledigt.

- **Schritt 1:** Besuchen Sie ein kostenloses Börsenportal im Internet (zum Beispiel www.onvista.de).
- **Schritt 2:** Geben Sie die Wertpapierkennnummer (WKN) des ausgesuchten Fonds ein.
- **Schritt 3:** Klicken Sie im Menü auf »Chartanalyse«.
- **Schritt 4:** Klicken Sie den Unterpunkt »Benchmark« an.
- **Schritt 5:** Wählen Sie den passenden Vergleichsindex aus (Tipp: fast alle Fonds geben in der Produktübersicht ihre Benchmark an).

➤ **Schritt 6:** Vergleichen Sie beide Charts über mehrere Zeiträume (im Optimalfall: ein Jahr, drei Jahre, fünf Jahre, zehn Jahre).

Die Kursverläufe zeigen Ihnen, ob Ihnen der ausgewählte aktive Fonds einen echten Mehrwert im Vergleich zum Indexfonds bietet. Der aktive Fonds muss besser abschneiden als der Index und/oder deutlich weniger Schwankungen aufweisen.

So finden Sie weitere, gute Aktienfonds

Wir werden Ihnen später im Buch einige empfehlenswerte Fonds im Detail vorstellen. Wenn Sie Ihr Wertpapier-Depot mit weiteren Fonds aufstocken wollen, können Sie für die Vorauswahl bekannte Fonds-Experten wie Morningstar nutzen. Gehen Sie dazu einfach im Internet auf die Seite www.morningstar.de. Morningstar analysiert unter anderem Fonds und vergibt auch Noten. Sie können diesen Dienst gleich zweifach nutzen:

1. Wenn Sie einen interessanten Fonds gefunden haben, können Sie die Wertpapierkennnummer direkt auf der Startseite von Morningstar eingeben und erhalten dann alle wichtigen Fonds-Informationen im Kurzüberblick und oft auch eine Bewertung (ein bis fünf Sterne). Weist Ihr Fonds vier bis fünf Sterne auf, ist das ein weiterer Pluspunkt. Kommt der Fonds auf eine schlechte Note, sollten Sie sich genauer anschauen, wie die schlechte Note entstanden ist. Gab es zum Beispiel nur ein schlechtes »Ausrutscherjahr«, oder schneidet der Fonds permanent schlechter ab als die Konkurrenz? Völlig klar: Einmalige Ausrutscher fallen bei der Bewertung weniger ins Gewicht als ständige schlechte Performance.

2. Wenn Sie noch keine eigene Fonds-Idee haben, können Sie sich die Favoriten von Morningstar (www.morningstar.de → Fonds → Quickrank) ansehen. Dort gibt es viele Auswahlkriterien wie Land, Anlagestil, Branche. Gefällt Ihnen ein Fonds, können Sie die Fondsbeschreibung lesen und prüfen, ob die Anlagephilosophie des Fondsmanagements zu Ihnen und Ihren Zielen passt.

Fazit: Indexfonds für die Offensive, aktive Fonds für die Defensive

Beide Fonds-Typen – aktiv und passiv geführte Fonds – sind sehr sinnvolle Depot-Bausteine. Setzen Sie nicht einseitig nur auf aktive Fonds (Ihre Hausbank wird wahrscheinlich versuchen, Ihnen teure aktive Fonds zu verkaufen) und auch nicht nur auf passive Fonds (wenn es keinen »guten« Index gibt, sollten Sie auch keinen Indexfonds mit diesem Schwerpunkt kaufen). Wählen Sie für Ihr Depot das Beste aus beiden Welten! Es ist wie beim Sport: Wenn Sie gewinnen wollen, kommt es auf die richtige Balance zwischen Offensive und Defensive an. Mit den Indexfonds geben Sie an der Börse stets Vollgas (Indexfonds sind per Definition immer zu 100 Prozent in den jeweiligen Index investiert), mit einem aktiv geführten Fonds können Sie Ihre Defensive stärken (Fondsmanager können die Aktienquote im Portfolio senken und die Bargeldquote erhöhen und so das Risiko reduzieren).

Mischfonds: Ein gutes Basisinvestment

Wenn Sie ganz neu an der Börse sind, oder wenn Sie das Gefühl haben, dass Sie kein glückliches Händchen bei der Auswahl von Wertpapieren haben und auch beim Timing (wann kaufen, wann verkaufen?) unsicher sind, können Sie diese Aufgaben an einen Profi abgeben. Dabei sind Sie nicht auf teure Vermögensverwalter angewiesen, die über einen Anlagebetrag von 50 000 Euro nur lachen würden. Die einfache Lösung: börsennotierte Mischfonds!

Im Kapitel 6 haben wir Ihnen diese spezielle Fondsvariante bereits kurz vorgestellt. Die Fondsmanager können in unterschiedliche Anlageklassen wie Aktien, Anleihen, Edelmetalle oder auch Cash investieren – also eine Art Mini-Vermögensverwaltung. Einige Banken und Vermögensberater haben ihre »Ideal-Depot-Lösungen« in die Form eines Fonds gegossen und damit der breiten Anlegermasse zugänglich gemacht. Wir stellen Ihnen später im Buch mehrere Mischfonds mit jeweils unterschiedlichen Chance-Risiko-Profilen vor.

Nochmals als Resümee: Sie können in aktive oder in passive Fonds investieren. Als aktiv gemanagte Fonds legen wir Ihnen Mischfonds ans Herz, die hauptsächlich dann empfehlenswert sind, wenn Ihr Anlagehorizont vergleichsweise kurz ist oder Sie Ihr Geld defensiv anlegen möchten.

Kapitel 9

Aktien: Auf die richtige Auswahl kommt es an

Aktien sind verbriefte Unternehmensanteile. Was heißt das? Als Käufer einer Aktie werden Sie zum Miteigentümer einer Aktiengesellschaft. Verbrieft war diese Eigentümerstellung in früheren Zeiten auf einem Dokument aus Papier, in der modernen Welt gibt es Aktien hauptsächlich in elektronischer Form. Im Unterschied zu anderen Unternehmensanteilen (etwa bei einer GmbH) sind Aktien als Anteile einer Aktiengesellschaft handelbar. Der Handel mit Aktien findet hauptsächlich an den Wertpapierbörsen dieser Welt statt, also zum Beispiel an der New York Stock Exchange (NYSE) oder an der deutschen Leitbörse Xetra.

Bitte nicht verwechseln: Aktien sind etwas anderes als Anleihen

Aktien sind etwas gänzlich anderes als Anleihen. Wenn Sie die Anleihen eines Unternehmens kaufen, dann leihen Sie dem betreffenden Unternehmen (oder auch einem Staat) einfach Geld. Dafür dürfen Sie dann einen bestimmten Zins erwarten, dessen Höhe in der Regel von Anfang an feststeht. Außerdem steht Ihnen das Recht zu, das verliehene Geld, also das Geld, das Sie in die Anleihe Ihrer Wahl investiert haben, am Ende der Laufzeit wieder zurückzuerhalten. Als Aktienkäufer haben Sie dagegen kein solches Recht: Als Miteigentümer steht Ihnen kein garantierter Zins zu, und auch die

Rückzahlung des investierten Geldes muss Ihnen die AG, deren Aktien Sie gekauft haben, nicht garantieren. Es gibt nur den Anreiz, vom Erfolg der Aktiengesellschaft zu profitieren.

Vom Erfolg einer Aktiengesellschaft können Sie als Aktionär auf zweierlei Arten profitieren:

- Zum einen ist es üblich, dass ein Teil des erwirtschafteten Gewinns an die Aktionäre ausgeschüttet wird. Diese sogenannte Dividende wird in Deutschland einmal pro Jahr ausgezahlt, in den USA dagegen sind es vier kleinere Ausschüttungen pro Jahr (Quartalsdividenden). Langfristig machen die Dividenden rund 40 Prozent der Aktiengewinne aus.

- Zum anderen steigt bei Aktiengesellschaften, die sich erfolgreich am Markt behaupten, auf lange Sicht der Aktienkurs aufgrund der steigenden Nachfrage. Dass die Nachfrage steigt, kommt nicht von ungefähr: Denn der Teil der Gewinne, der nicht an die Aktionäre ausgeschüttet wird, wird wieder ins Unternehmen gesteckt, was dieses wertvoller macht und womöglich auch eine Ausweitung der Geschäftstätigkeit erlaubt. Und da dieser laufend steigende Wert auch in der Bilanz ausgewiesen wird, bleibt er auch den Aktienmärkten nicht verborgen.

Allerdings vollzieht sich dieser Kursanstieg bei erfolgreichen Aktiengesellschaften nicht in einer geraden Linie, sondern ist mit zum Teil kräftigen Schwankungen verbunden. Doch spielen diese Schwankungen auf lange Sicht dann kaum eine Rolle, wenn Sie Ihr Geld auf mehrere Aktiengesellschaften verteilen, wenn Sie sich solide, werthaltige Aktien aussuchen und womöglich sogar einen Aktien-Sparplan anlegen.

Erfolgreiche Aktienauswahl: Orientieren Sie sich an der Investoren-Legende Warren Buffett

Am Aktienmarkt gibt es zahlreiche Anlagestrategien. So wird zum Beispiel unterschieden zwischen der fundamentalen Analyse, die sich an den Kennzahlen des Unternehmens orientiert, und der charttechnischen Analyse, die sich an bestimmten Mustern im bisherigen Kursverlauf orientiert.

Die unterschiedlichen Anlagestrategien haben ihre Daseinsberechtigung, aber wir empfehlen Ihnen, den Schwerpunkt auf die fundamentale Analyse zu setzen. Zum einen ist sie aus unserer Sicht logisch gut greifbar und damit leichter zu verstehen. Zum anderen gibt es Investoren, die seit über 50 Jahren erfolgreich damit arbeiten und messbare Erfolge über lange Zeiträume schwarz auf weiß vorweisen können. Die Strategie funktioniert also.

Wir können hier kein ganzes Lehrbuch über die klassische Fundamentalanalyse liefern, aber als eine Art »Appetithäppchen« zeigen wir Ihnen die oft unterschätzte Renditekraft der Dividenden und die Erfolgsstory von Warren Buffett, der mit der Value-Strategie zu einem der reichsten Menschen der Welt wurde.

Value-Strategie: Auf den Spuren von Warren Buffett

Warren Buffett wurde 1930 in Omaha, Nebraska, geboren. Während des Studiums der Wirtschaftswissenschaften traf er auf Benjamin Graham, den »Erfinder« der Fundamentalanalyse und der Value-Strategie. Sein Lehrmeister hat sein Denken und Berufsleben stark geprägt. In den folgenden Jahrzehnten optimierte Buffett die Value-Strategie und passte sie der Neuzeit an (auch mit Hilfe seines kongenialen Partners

Charlie Munger). Mitte der 60er-Jahre verwandelte Buffett das ehemalige Textilunternehmen Berkshire Hathaway in eine Beteiligungsgesellschaft und startete die beeindruckendste Erfolgsserie der modernen Börsengeschichte. Tabelle 9.1 zeigt seine Leistung in einer Übersicht:

Jahr	Veränderung Berkshire-Substanzwert in %	Veränderung S&P 500 in %	Relativer Vergleich
1965	+23,8	+10,0	+13,8
1966	+20,3	-11,7	+32,0
1967	+11,0	+30,9	-19,9
1968	+19,0	+11,0	+8,0
1969	+16,2	-8,4	+24,6
1970	+12,0	+3,9	+8,1
1971	+16,4	+14,6	+1,8
1972	+21,7	+18,9	+2,8
1973	+4,7	-14,8	+19,5
1974	+5,5	-26,4	+31,9
1975	+21,9	+37,2	-15,3
1976	+59,3	+23,6	+35,7
1977	+31,9	-7,4	+39,3
1978	+24,0	+6,4	+17,6
1979	+35,7	+18,2	+17,5
1980	+19,3	+32,3	-13,0
1981	+31,4	-5,0	+36,4
1982	+40,0	+21,4	+18,6
1983	+32,3	+22,4	+9,9

1984	+13,6	+6,1	+7,5
1985	+48,2	+31,6	+16,6
1986	+26,1	+18,6	+7,5
1987	+19,5	+5,1	+14,4
1988	+20,1	+16,6	+3,5
1989	+44,4	+31,7	+12,7
1990	+7,4	-3,1	+10,5
1991	+39,6	+30,5	+9,1
1992	+20,3	+7,6	+12,7
1993	+14,3	+10,1	+4,2
1994	+13,9	+1,3	+12,6
1995	+43,1	+37,6	+5,5
1996	+31,8	+23,0	+8,8
1997	+34,1	+33,4	+0,7
1998	+48,3	+28,6	+19,7
1999	+0,5	+21,0	-20,5
2000	+6,5	-9,1	+15,6
2001	-6,2	-11,9	+5,7
2002	+10,0	-22,1	+32,1
2003	+21,0	+28,7	-7,7
2004	+10,5	+10,9	-0,4
2005	+6,4	+4,9	+1,5
2006	+18,4	+15,8	+2,6
2007	+11,0	+5,5	+5,5
2008	-9,6	-37,0	+27,4

2009	+19,8	+26,5	-6,7
2010	+13,0	+15,1	-2,1
2011	+4,6	+2,1	+2,5
2012	+14,4	+16,0	-1,6
2013	+18,2	+32,4	-14,2
2014	+8,3	+13,7	-5,4
2015	+6,4	+1,4	+5,0
2016	+10,7	+12,0	-1,3
2017	+23,0	+21,8	+1,2
Durchschnittliche Veränderung pro Jahr	+19,1	+9,9	+9,2

Tabelle 9.1: Performance von Berkshire Hathaway im Vergleich zum S&P 500

In 41 von 53 Jahren hat Buffett den S&P 500, den wichtigen amerikanischen Aktienindex, geschlagen. Das schaffte er vor allem dadurch, dass er Verluste vermeiden konnte. Nur in zwei Jahren (2001 und 2008) sank der Buchwert pro Aktie. Und das waren jeweils Crash-Phasen, in denen der Aktienmarkt wesentlich mehr verlor. Insgesamt stieg der Buchwert (= Substanzwert) je Aktie um 19,1 Prozent pro Jahr – und das über einen unglaublich langen Beobachtungszeitraum von 53 Jahren. Der S&P 500 schaffte in dieser Phase »nur« ein durchschnittliches Jahresplus von 9,9 Prozent.

Noch einige Details: Anleger, die in den 60er-Jahren Berkshire-Aktien für 1000 US-Dollar gekauft und einfach nur gehalten haben, sind heute vielfache Dollar-Millionäre. Die A-Aktien von Berkshire Hathaway gelten mit Kursen von über 325 000 US-Dollar je Aktie als die teuersten Aktien der Welt.

Unser Praxistipp: Die B-Aktien von Berkshire Hathaway (WKN: A0YJQ2; ISIN: US0846707026) haben die gleiche Qualität und sind preislich auch für Privatanleger erschwinglich.

Jetzt werden Sie sich fragen, mit welcher »Zauberformel« Buffett sich zum Milliardär und die Aktionäre der ersten Stunde zu Millionären gemacht hat und was Sie mit Ihrem Startkapital von 50 000 Euro davon lernen können. Vorab die »kalte Dusche«: Sie werden enttäuscht sein, wie simpel die Investitionsgrundsätze von Buffett sind. Nach der Lektüre werden Sie sagen, dass das jeder kann. Unsere Antwort: Im Prinzip kann das jeder, aber nur eine kleine Minderheit hat die Disziplin, sich bei den Anlageentscheidungen an die strengen Kriterien zu halten.

Die große Masse wird nervös, wenn Geld in der Kasse ist und kauft zu früh und zu teuer; oder verkauft im Crash, weil der Druck, den der Kurssturz über Monate oder sogar Jahre ausübt, den Anleger zermürbt. Ab einer gewissen Schmerzgrenze verkaufen Anleger selbst Aktien von Weltklasseunternehmen weit unter Wert und sehnen sich nur noch nach Cash auf dem Konto und Stabilität im Depot. Während 90 Prozent der Anleger, die am Aktienmarkt ohne festen Plan agieren, an den beiden »Börsen-Todsünden« Gier und Angst scheitern, läuft Buffett speziell in Druckphasen zu großer Form auf und greift eiskalt zu – wobei auch ein Warren Buffett selbstverständlich Niederlagen hinnehmen muss; aber das Gesamtergebnis stimmt, wie oben gesehen. Buffett selbst kommentiert das Verhältnis von einfacher Anlagestrategie und menschlicher Handlungsschwäche mit den Worten, dass die Geldanlage »einfach, aber nicht leicht« sei. Sein Partner Charlie

Munger schlägt in die gleiche Kerbe, wenn er sagt: »Nehmen Sie eine einfache Idee, und nehmen Sie sie ernst.«

Die vier Grundsätze von Warren Buffetts Value-Strategie

In dem sehr empfehlenswerten Buch *Charlie Munger – Ich habe dem nichts mehr hinzuzufügen* erklärt Tren Griffin die vier fundamentalen Grundsätze für Value-Investing im Stil von Benjamin Graham, Warren Buffett und Charlie Munger:

1. Behandeln Sie eine Aktie als proportionale Beteiligung an einem Unternehmen.

2. Kaufen Sie mit einem deutlichen Abschlag gegenüber dem inneren Wert, um eine Sicherheitsmarge zu haben.

3. Lassen Sie den manisch-depressiven Markt Ihren Diener sein, nicht Ihren Herren.

4. Handeln Sie rational, objektiv und leidenschaftslos.

Wir möchten diese vier einfachen, aber so wichtigen, Grundsätze für Sie jetzt etwas genauer unter die Lupe nehmen.

1. Behandeln Sie eine Aktie als proportionale Beteiligung an einem Unternehmen

Das hört sich selbstverständlich an, ist es aber nicht. Dazu eine Beobachtung: Wenn es darum geht, ein gebrauchtes Auto zu finden, investieren die meisten Menschen locker einen Monat Zeit, recherchieren im Internet und in Fachzeitschriften (Verbrauch, Pannenstatistik, typische Schwachstellen etc.) und testen zwei bis drei Fahrzeuge mit einer Probefahrt, bevor sie das Geld in das

Auto investieren. Wenn aber die gleichen Personen einen »heißen Börsentipp« erhalten oder in der Zeitung von einer »Wachstumsrakete« lesen (aktuell sind zum Beispiel Lithium- und Cannabis-Aktien heiß gehandelte Kandidaten), nehmen sie sich nur fünf Minuten Zeit, informieren sich weder über das Geschäftsmodell noch lesen sie den Geschäftsbericht, investieren aber dennoch einen vierstelligen Betrag in diese Aktie.

Dieser Weg kann zum Erfolg führen, wenn sich der »heiße Tipp« später als Volltreffer an der Börse erweist. Aber das hat dennoch nichts mit einer gezielten und planvollen Investition zu tun, sondern ist reine Spekulation.

Wenn Sie an der Börse systematisch anlegen wollen, sollten Sie sich genauer über das Zielobjekt informieren. Laut Graham und Buffett ist es egal, ob Sie 0,001 Prozent oder 100 Prozent eines Unternehmens an der Börse kaufen. Sie werden jeweils Anteilseigner und sollten sich bestmöglich informieren. Unser Praxistipp: Lesen Sie die jüngsten zwei bis drei Geschäftsberichte und vergleichen Sie die Prognosen aus den alten Berichten mit den dann tatsächlich erzielten Resultaten. So bekommen Sie sehr schnell ein Gefühl dafür, ob im Management »Dummschwätzer« sitzen oder aber echte Unternehmer, die nachhaltig agieren.

Angesichts des relativ großen Zeitaufwands werden einige erfahrene Aktionäre antworten: Ich kann nicht so viel Zeit in jedes einzelne Unternehmen stecken, dafür ist mein Depot mit 30 Positionen viel zu groß. Die einfache Antwort: Weniger ist mehr! Finden Sie die Balance aus Risikostreuung (nicht alles auf eine Karte setzen) und Konzentration. Mit acht bis zwölf Unternehmen haben Sie bereits ein sehr schönes Depot. Warren Buffett sagt zum Thema Aktienvielfalt im Depot: »Konzentrieren Sie Ihre Investments. Wenn Sie über einen Harem mit vierzig Frauen verfügen, lernen Sie keine richtig kennen.«

2. *Kaufen Sie zu einem deutlichen Abschlag gegenüber dem inneren Wert, um eine Sicherheitsmarge zu haben*

Dieser Value-Grundsatz hat sich in den vergangenen knapp 100 Jahren recht stark gewandelt. Der »Value-Erfinder« Benjamin Graham liebte es, Unternehmen zu kaufen, die deutlich unter dem Substanzwert notierten. Was damit gemeint ist: Ein Unternehmen kostet aktuell an der Börse 50 Mio. Euro. Wenn man das Unternehmen jedoch auflösen und alle Vermögenswerte verkaufen würde, läge der Verkaufserlös bei 100 Mio. Euro. Oder wie es Buffett treffend formuliert hat: »Die Frage, wie man reich wird, ist leicht zu beantworten. Kaufe einen Dollar, aber bezahle nicht mehr als 50 Cent dafür.«

In der Theorie dürfte es diese »Schnäppchen« nicht geben, weil Märkte effizient sein sollen. Das bedeutet: Alle Informationen sind zu jeder Zeit im aktuellen Aktienkurs enthalten. Doch die Realität zeigt uns immer wieder, dass die Märkte nicht alle Informationen einpreisen und dass speziell in Boom- und in Krisenzeiten Emotionen wie Gier und Angst dafür sorgen, dass Aktienkurse viel zu hoch oder zu niedrig sind. Aktienkurs und Unternehmenswert sind also häufig nicht identisch. Buffett bringt es auf den Punkt: »Price is what you pay. Value is what you get.« Der Aktienkurs ist das, was du bezahlst, der Wert ist das, was du bekommst.

Sehr schön hat das auch der berühmte Börsenkolumnist André Kostolany beschrieben: »Mit der Wirtschaft und der Börse verhält es sich wie mit dem Mann und seinem Hund beim Spaziergang. Der Mann läuft langsam und gleichmäßig weiter. Der Hund läuft vor und zurück. Aber beide bewegen sich in die gleiche Richtung. Der Mann ist die Wirtschaft, der Hund die Börse.« Das bedeutet: Mal bleibt der Hund zurück, die Aktienkurse notieren also unter dem fairen Wert, mal rennt der Hund vor, die Kurse notieren also über dem fairen Wert, aber die gemeinsame Richtung stimmt, und Herrchen und Hund treffen sich während des Spaziergangs immer wieder, dann ist der faire Kurs erreicht. Sie müssen also versuchen, Aktien dann zu kaufen, wenn sie deutlich unter dem Substanzwert notieren. Schaffen Sie das, haben Sie zwei elementare Vorteile: Sie besitzen eine Sicherheitsmarge, falls es an der Börse kracht, und außerdem lockt ein hoher Kursgewinn, wenn in guten Börsenphasen der Aktienkurs den fairen Wert erreicht.

Der Kauf weit unter dem Substanzwert ist der Ursprung der Sicherheitsmarge im Sinne von Benjamin Graham. Allerdings hat sich in den vergangenen Jahrzehnten die Definition verändert. Zu Grahams Zeiten waren viele Investoren schlecht informiert. Da war es relativ einfach »Schnäppchen« am Aktienmarkt zu finden. Im modernen Computerzeitalter werden alle Geschäftsberichte digital aufbereitet. Da kommt es nur selten vor, dass der Aktienkurs weit unter dem Substanzwert notiert. Wenn das der Fall ist, gibt es meistens einen einfachen Grund: Das Unternehmen erwirtschaftet Verluste und reduziert so stetig die Substanz. Solche Aktien werden oft mit einem großen Sicherheitsabschlag gehandelt – sind aber nur selten Kauf-Kandidaten für Value-Investoren.

Buffett, Munger und andere Value-Größen berechnen den Sicherheitsabschlag heute oft anders: Es geht nicht um die jetzt verfügbare Unternehmenssubstanz, sondern um die zukünftig zu erwartenden Mittelzuflüsse (Cashflow). Wenn der Aktienkurs nicht reflektiert, dass zukünftig hohe Kassenzuflüsse zu erwarten sind, weil das Geschäftsmodell bombensicher ist, dann besteht die geforderte Sicherheitsmarge. Das erklärt auch, warum Buffett und sein Partner Munger für ihre Beteiligungsgesellschaft Berkshire Hathaway nicht nur »Schnäppchen« erwerben, die an der Börse (aus ihrer Sicht zu Unrecht) unter Druck stehen, sondern häufig auch erstklassige Top-Unternehmen, die auf den ersten Blick – gemessen an Kennzahlen wie Kurs-Gewinn-Verhältnis (KGV) oder Dividenden-Rendite – nicht günstig wirken. KGV und Dividenden-Rendite sind beliebte und gute Kennzahlen zur Aktienauswahl. Was genau es damit auf sich hat, lesen Sie im letzten Abschnitt dieses Kapitels.

3. Lassen Sie den manisch-depressiven Markt Ihren Diener sein, nicht Ihren Herren

In der Wirtschaftstheorie heißt es immer wieder, dass es effiziente Märkte gibt und der jeweilige Aktienkurs alle verfügbaren Informationen einpreist. Wenn das so wäre, würde kein Value-Investing funktionieren. Die Value-Strategie lebt davon, dass die Märkte nicht(!) rational sind. Spätestens die Finanzkrise 2007 bis 2009 hat aus unserer Sicht gezeigt, dass die Hypothese von den effizienten Märkten nur ein Märchen ist. Damals wurden Wertpapiere, die noch Tage vorher über die bestmögliche Sicherheitsstufe verfügten (AAA-Rating), quasi über Nacht wertlos. Die Verbriefungen von bestimmten Kreditforderungen hatten nur in Schönwetterphasen funktioniert, in der Immobilienkrise waren sie dagegen wertloser Müll. Warren Buffett hat auch diese Entwicklung sehr schön bildhaft beschrieben: »Erst wenn die Ebbe kommt, sieht man, wer nackt schwimmt.«

Die Investoren am Aktienmarkt handeln ebenfalls nicht rational. Benjamin Graham bezeichnete den Aktienmarkt (Mr Market) als manisch-depressiven Patienten. Mal sei er super gelaunt und zahle Preise deutlich über dem fairen Wert, dann sei er extrem schlecht gelaunt und zahle Preise weit unter dem fairen Wert. Ein Beispiel ist die Nestlé-Aktie aus der Schweiz. Der Lebensmittelgigant aus der Schweiz verfügt über ein »langweiliges«, aber sehr stabiles Geschäftsmodell. In Boom-Phasen geben die Kunden nicht wesentlich mehr für Nestlé-Produkte aus, dafür sparen sie in Crash-Phasen auch nicht bei den Lebensmitteln. Auch die Bilanzqualität und die Dividendenpolitik waren in den vergangenen zehn Jahren stets positiv. Angesichts dieser Rahmenbedingungen hätte die Aktien-Bewertung in einem effizienten Markt stets ähnlich sein müssen. Doch die Realität sieht ganz anders aus. In Crash-Phasen ist das Kurs-Gewinn-Verhältnis (KGV) der Nestlé-Aktie auf rund 10 abgerutscht, in Boom-Phasen ist das KGV der Aktie auf fast 30 gestiegen. Sie werden zugeben: Es ist ein riesiger Unterschied, ob ich ein Unternehmen an der Börse mit dem zehnfachen oder mit dem dreißigfachen Jahresgewinn bewerte. Ein KGV von 30 ist für ein relativ wachstumsschwaches Unternehmen wie Nestlé zu viel, ein KGV von 10 für ein so stabiles Geschäftsmodell mit üppigen Cashflows (Mittelzuflüssen) und Dividenden viel zu wenig.

Die Value-Strategie nach Graham besagt, dass Sie als Anleger nicht unter den Kursschwankungen leiden, sondern dass Sie diese Schwankungen gezielt nutzen sollen! Das heißt konkret: Verkaufen Sie überbewertete Aktien in Boom-Phasen und streichen Sie so hohe Gewinne ein. Das klingt einfach, ist es aber nicht. Wenn die Aktienkurse Tag für Tag steigen, fällt es oft unglaublich schwer, diesen Aufschwung durch einen Verkauf »abzuwürgen«. Nach dem Verkauf schmerzt jeder weitere Tag mit Kursgewinnen (erst im späteren Crash ist man dann froh, die Gewinne durch den Verkauf abgesichert zu haben). Umgekehrt ist der Leidensdruck auch riesig, wenn der Aktienkurs eines Depot-Wertes trotz erstklassiger Qualität des Unternehmens zum Teil über Jahre fällt und fällt (zum Beispiel in den Crash-Phasen 2000 bis 2003 oder 2007 bis 2009). In solchen Phasen muss ein Value-Anleger das Stehvermögen und die Nerven besitzen, nicht alles zu verkaufen, sondern im Gegenteil die Krise nutzen, um Top-Werte weiter aufzustocken. Auch das erfordert – wie die vorzeitige Gewinnmitnahme in Boom-Phasen – eine mentale Stärke. Daher noch einmal der einfache Tipp von Buffett: »Seien Sie ängstlich, wenn andere gierig sind, und werden Sie gierig, wenn andere ängstlich sind.«

4. Handeln Sie rational, objektiv und leidenschaftslos

Wie wir gerade gezeigt haben, sind die Aktienmärkte nicht effizient – zumindest in vielen Marktphasen nicht. Daher ist es wichtig, dass Sie sich als Value-Anleger nicht von den Gefühlen Gier (im Boom) und Angst (im Crash) anstecken lassen. Das funktioniert am besten, wenn Sie feste Auswahlkriterien beim Kauf und Verkauf von Aktien und bei der Auswahl besitzen. Der wahrscheinlich teuerste Spruch für eine Neubewertung an der Börse lautet »Dieses Mal ist alles anders.« Mit diesem Spruch soll begründet werden, warum gerade jetzt eine Aktie, eine Branche oder der gesamte Aktienmarkt viel höher oder tiefer bewertet sein sollte als in früheren Zeiten. Es gibt in der Tat Ereignisse, die dazu führen, dass das Bewertungsniveau von Aktien neu berechnet werden muss. Denken Sie zum Beispiel an die politisch erzwungene Energiewende in Deutschland, die das Geschäftsmodell der alten Energieversorger RWE und E.ON auf den Kopf gestellt hat. Oder denken Sie an die Nullzins-Politik der Notenbanken, die dafür sorgt, dass Dividenden als Zinsersatz wertvoller werden (= höhere Bewertung von zuverlässigen Dividendenzahlern). Doch diese Ereignisse sind relativ selten und gelten oft nur für eine bestimmte Zeit. In den Börsen-Medien und Internet-Diskussions-Foren lesen Sie dagegen im Wochentakt, warum »Dieses Mal alles anders ist« und bestimmte Aktien vor einer positiven oder negativen Neubewertung stehen. In neun von zehn Fällen ist die Neubewertung jedoch nicht gerechtfertigt. Lassen Sie sich also davon nicht anstecken. Bleiben Sie Ihrem einmal ausgewählten Anlagestil treu und setzen Sie Ihre Strategie über Jahre oder Jahrzehnte um.

Schnell-Check: An welchen Kennzahlen Sie attraktive Aktien erkennen

Für die Aktienauswahl brauchen Sie kein Bilanzgenie oder Finanzmathematiker zu sein. Einige wenige, leicht verständliche

Kennzahlen in Verbindung mit klaren Kriterien genügen, um attraktive, werthaltige, solide Unternehmen zu identifizieren. Vor allem sollten Sie sich von einer euphorischen oder panischen Stimmung an der Börse nie dazu verleiten lassen, Ihren gesunden Menschenverstand abzuschalten. Der ist nämlich das Wichtigste bei der Entscheidung, in welche Aktien Sie investieren.

Wie erfolgreich ist eine Aktiengesellschaft? Und wie teuer oder billig ist im Vergleich dazu ihre Aktie an der Börse? Für einen ersten Eindruck brauchen Sie keine Unmenge an Zahlen, Daten und Fakten, um das zu beurteilen. Aber einige Kennzahlen aus der Fundamentalanalyse sind ausgesprochen hilfreich. Sie werden schnell sehen: Diese Kennzahlen sind nicht allzu schwierig zu verstehen.

Wo Sie die hier vorgestellten Kennzahlen finden

Auf einschlägigen Börsenportalen wie www.onvista.de, www.finanzen.net oder www.boerse.de werden Sie schnell fündig. Aber auch auf der Internetseite Ihrer Depotbank werden Sie die wichtigsten Kennzahlen meist finden. Geben Sie den Namen oder die Wertpapierkennnummer/ISIN der Aktiengesellschaft ein, für die Sie sich interessieren. Dann klicken Sie – je nach Börsenportal oder Broker – über dem Chart oder den Angaben zum aktuellen Kurs auf »Fundamentalanalyse«, »Kennzahlen« → »fundamental« oder einfach nur »Fundamental«. Nicht jedes Börsenportal weist jede Kennzahl aus – aber auf einem werden Sie üblicherweise fündig. Wichtig: Die Datenqualität dieser kostenlosen Anbieter ist zum Teil schlecht. Als Faustformel gilt: je kleiner das börsennotierte Unternehmen, desto schlechter die Datenqualität über dieses Unternehmen im Internet. Die beste Datenqualität finden Sie daher in den Geschäftsberichten der jeweiligen Unternehmen (Umsatz, Gewinn, Cashflow, Dividende, Aktienanzahl etc.). Diese finden Sie auf deren Internetseite, meist unter dem Menüeintrag »Investor Relation«. In den Geschäftsberichten werden Sie jedoch üblicherweise keine genauen Schätzungen für die Folgejahre finden, sondern nur in der Vergangenheit erreichte Werte.

Das Kurs-Gewinn-Verhältnis (KGV)

Das Kurs-Gewinn-Verhältnis (abgekürzt KGV) ist die wohl am häufigsten herangezogene Bewertungskennzahl für Aktien. Manchmal liest man auch die englische Abkürzung PE oder PER (*price-earnings ratio*). Hier wird einfach der aktuelle Aktienkurs durch den Gewinn pro Aktie geteilt – oder alternativ der aktuelle Börsenwert (die Marktkapitalisierung) durch den gesamten Gewinn der Aktiengesellschaft. Das Ergebnis ist eine Zahl, die meist zwischen 5 und 100 liegt. Was heißt das? Das KGV zeigt Ihnen an, mit welchem Vielfachen des Jahresgewinns ein Unternehmen an der Börse bewertet wird. Man könnte auch sagen: Wenn sich am Gewinn in den kommenden Jahren nichts ändert, dann besagt das KGV, wie viele Jahre Sie nach Kauf der Aktie warten müssen, bis allein die laufenden Gewinne Ihr investiertes Geld wieder erwirtschaftet haben. Ein niedriges KGV ist daher häufig ein Kaufargument. Idealerweise kaufen Sie eine Aktie, wenn das KGV unter 12 liegt. Bei Langfrist-Investments in werthaltige Aktien, wie wir es in diesem Buch empfehlen, ist auch ein KGV von 15 bis 20 vertretbar.

Falls Sie eine Aktie mit einem niedrigen KGV entdecken, prüfen Sie, ob das betreffende Unternehmen (weiterhin) gute Wachstums- und Gewinnaussichten hat und ob nicht irgendwelche milliardenschweren Risiken bestehen (so wie zum Beispiel das Klagerisiko bei Bayer nach der Übernahme des US-Agrarchemiekonzerns Monsanto). Wenn Sie zu dem Schluss kommen, dass die

Aussichten gut sind und kein hohes Risiko die künftige Bilanz des Unternehmens verhageln könnte, dann kommt die betreffende Aktie zumindest infrage. Verlassen Sie sich aber nie allein auf das KGV, sondern ziehen Sie stets auch andere Kriterien für Ihre Kaufentscheidung heran.

Das Kurs-Cashflow-Verhältnis (KCV)

Mit dem Gewinn einer Aktiengesellschaft ist das so eine Sache: Nicht alles, was in einem Jahr erwirtschaftet wird, stammt aus dem operativen Geschäft. Manchmal steigt der Gewinn rasant an, wenn etwa eine AG einen Unternehmenszweig oder eine Tochtergesellschaft veräußert hat. Das mag ihr dann zwar einen Batzen Geld eingebracht haben, aber dieser einmalige Geldregen wird sich im nächsten oder übernächsten Jahr wohl kaum wiederholen. Wenn Sie in einem solchen Fall das KGV betrachten, dann wird es niedriger und damit attraktiver ausfallen, als es sollte. Es zeichnet ein falsches Bild von der Wirklichkeit. Deshalb lohnt sich häufig die Betrachtung des Kurs-Cashflow-Verhältnisses (KCV). Sie sehen schon: Der einzige Unterschied zum KGV besteht darin, dass das »G« in der Mitte durch ein »C« ersetzt wird. Beim KCV wird nicht der Gewinn betrachtet, sondern der operative Cashflow. Also die Geldmittel, die durch den laufenden Betrieb und damit das Kerngeschäft des Unternehmens erwirtschaftet werden. Einmalige Sondereffekte bleiben unberücksichtigt. Man könnte deshalb sagen: Das KCV ist das bessere KGV, und auch hier gilt: Je niedriger, desto besser, vorausgesetzt, die Zukunftsaussichten des Unternehmens sind gut und die Risiken überschaubar.

Price-Earning to Growth-Ratio (PEG)

KGV und KCV haben eine Schwäche: Bei Unternehmen mit starkem Gewinnwachstum fallen sie oft vergleichsweise hoch aus. Dabei ist eben dieses Gewinnwachstum häufig ein schlagkräftiges

Kaufargument. Und auch für dieses Kaufargument gibt es eine Kennzahl namens Price-Earnings-to-Growth-Ratio (PEG). Das PEG setzt das Kurs-Gewinn-Verhältnis (KGV) in Relation zum erwarteten Gewinnwachstum in Prozent. Sind KGV und Gewinnwachstum identisch, liegt das PEG bei 1. Als günstig gilt eine Aktie, wenn der Wert bei 1 oder tiefer liegt (Gewinnwachstum ist größer als KGV).

Beispiel: Wächst der Gewinn je Aktie um 10 Prozent pro Jahr, sollte das KGV auch nicht über 10 liegen. In diesem Fall liegt das PEG bei 1 oder darunter. Kann das Unternehmen den Gewinn dagegen um 30 Prozent steigern, wäre auch ein vergleichsweise hohes KGV von bis zu 30 vertretbar. Abermals wäre ein Aktienkauf attraktiv, wenn das PEG einen Wert von maximal 1 hätte.

Eine mögliche Schwachstelle ist allerdings der Betrachtungszeitraum: Diese Prognosen sind schnell hinfällig, gerade angesichts einer oft unberechenbaren Konjunkturentwicklung (Platzen der Dotcom-Blase, Finanzkrise). Es ist häufig nicht möglich, zuverlässige Schätzungen für die nächsten zwei oder drei Jahre abzugeben. Doch gibt es eine Handvoll Unternehmen, die relativ berechenbare Geschäftszahlen abliefern. Das PEG ist daher eine sinnvolle Ergänzung zum traditionellen KGV und zeigt etwa an, dass eine Aktie mit einem KGV von 30 nicht zu teuer sein muss, wenn die Gewinne stark wachsen. Umgekehrt kann ein KGV von 10 teuer sein, wenn die Gewinne dauerhaft stagnieren. Allein aufgrund eines niedrigen PEG sollten Sie sich aber niemals für eine Aktiengesellschaft entscheiden. Diese Kennzahl sollten Sie stets in Verbindung mit den anderen Kennzahlen betrachten und außerdem recherchieren, ob die Faktenlage wirklich für die prognostizierten Wachstumsraten spricht.

Dividenden-Rendite: Die »Verzinsung« einer Aktie

Die Ausschüttung einer Aktiengesellschaft heißt Dividende. Wenn Sie diese Dividende durch den Aktienkurs teilen und das Ergebnis mit 100 Prozent malnehmen, erhalten Sie die sogenannte Dividendenrendite. Man könnte auch sagen: Die Dividendenrendite ist die »Verzinsung« einer Aktie. Im Prinzip gilt, je höher diese Verzinsung ausfällt, desto besser. Allerdings ist bei dieser Kennzahl eine gewisse Vorsicht angebracht: Denn die Dividendenrendite kann auch dadurch hoch ausfallen, dass der Kurs der betreffenden Aktiengesellschaft nach schlechten Nachrichten in den Keller gefallen ist. Außerdem gilt es strikt, sich auf Unternehmen zu beschränken, die ihre Dividenden auch tatsächlich erwirtschaftet haben. Wer Geld an die Aktionäre ausschüttet, ohne Gewinne zu erwirtschaften oder ohne genügend Barmittel für künftige Investitionen zurückzubehalten, der betreibt Raubbau an seinem Unternehmen. Weist aber ein rundum gesundes Unternehmen eine hohe Dividendenrendite aus, dann spricht das für einen Aktienkauf.

Abschließender Hinweis

In diesem Aktien-Kapitel konnten Sie lesen, welche Renditen mit Aktien möglich sind (Kursgewinne und Dividenden). Aus unserer Sicht sind Aktien ein wichtiger Vermögensbaustein für Privatanleger. Das bedeutet jedoch nicht, dass Sie die Risiken aus dem Auge verlieren sollten. Daher die dringende Empfehlung: Investieren Sie nur Geld in Aktien, das Sie auch für einige Jahre entbehren können.

Diese kurze Einführung in das Thema Value-Investing macht Sie zudem noch nicht zu einem Aktien-Profi. Sie konnten aber überprüfen, wie erfolgreich die Strategie in der Vergangenheit war, wie das geistige Gerüst aussieht und welche Kriterien eine Value-Aktie erfüllen sollte. Wenn Sie dieser Investitions-Ansatz überzeugt, können Sie sich vertieft in die Materie einarbeiten, um eigenständig Aktien auswählen zu können. Zum Abschluss dieses Kapitels daher noch einige Literaturtipps zu den Themen Benjamin Graham, Warren Buffett, Charlie Munger und allgemein Value-Investing:

- Lawrence A. Cunningham: *Die Essays von Warren Buffett*
- Jeremy Miller: *Warren Buffetts fundamentale Investment Geheimnisse*
- Alice Schroeder: *Warren Buffett – Das Leben ist wie ein Schneeball*
- Tren Griffin: *Charlie Munger – Ich habe dem nichts mehr hinzuzufügen*
- Benjamin Graham: *Intelligent Investieren*
- Benjamin Graham/David L. Dodd: *Die Geheimnisse der Wertpapieranalyse*
- John Mihaljevic: *Das Value Investing Handbuch*
- Rolf Morrien/Heinz Vinkelau: *Alles, was Sie über Warren Buffett wissen müssen*
- Rolf Morrien/Heinz Vinkelau: *Alles, was Sie über Charlie Munger wissen müssen*
- Rolf Morrien/Heinz Vinkelau: *Alles, was Sie über Benjamin Graham wissen müssen*

Aber nicht vergessen: Falls Sie nicht vorhaben, zum Aktien-Profi zu werden, gibt es mit Aktien-ETFs oder aktiv gemanagten Aktienfonds auch eine sehr empfehlenswerte Alternative zum Investment in Einzelaktien. Für alle drei Kategorien, Aktien, Aktienfonds und Aktien-ETFs, empfiehlt sich, ebenso wie für Mischfonds, der Einstieg via Sparplan, weil sich so die Einstiegskurse optimieren lassen.

Kapitel 10

Gold als Krisenabsicherung: Das sind Ihre Möglichkeiten

Ist es empfehlenswert, in Gold und andere Edelmetalle zu investieren? Wenn Ihnen das Thema Vermögensschutz am Herzen liegt, sollten Sie zumindest darüber nachdenken. Dies gilt vor allem dann, wenn es Ihnen nicht mehr vorrangig um den Vermögensaufbau geht und wenn Sie in naher Zukunft mit einer Währungs- oder sonstigen Krise rechnen. Auch bieten Edelmetalle den Vorteil der Anonymität: Bis zu einer Summe von 9999,99 Euro pro Person und Kauf können sie gegen Barzahlung erworben werden, ohne dass Sie dazu Ihre Identität als Käufer preisgeben müssen. In Zeiten, in denen der Staat sich immer neue Möglichkeiten überlegt, auf das Privatvermögen seiner Bürger zuzugreifen, darf dieser Aspekt nicht vernachlässigt werden.

Wir empfehlen, bis zu 10 Prozent Ihrer Anlagesumme, also auf Basis der in diesem Buch behandelten 50 000 Euro, bis zu 5000 Euro, in Edelmetalle zu investieren. Vor allem Gold und Silber bieten sich an:

- **Gold** dient vor allem der Wertaufbewahrung. Zwar schwankt der Goldpreis mitunter kräftig, langfristig jedoch wird niemand an der Werthaltigkeit von Gold zweifeln. Sie können fast überall auf der Welt Gold kaufen oder verkaufen.

- Auch an der Werthaltigkeit von **Silber** besteht – trotz noch größerer Preisschwankungen – kein Zweifel. Silber ist zudem als Zahlungsmittel aufgrund seiner kleinen Stückelung besser geeignet als Gold: Mit Silbermünzen könnte man im Krisenfall auch Nahrungsmittel bezahlen, mit Goldmünzen dagegen wäre das ein schlechter Tausch.

Von Platin und Palladium raten wir Ihnen dagegen ab. Zwar haben einschlägige Edelmetall-Händler auch Münzen und Barren aus diesen Materialien im Sortiment. Aber die Aufpreise auf den reinen Materialwert liegen nicht selten bei 40 Prozent, und beide Edelmetalle sind nicht als Zahlungs- und Wertaufbewahrungsmittel geeignet, da in der Bevölkerung weitgehend unbekannt.

Im Prinzip haben Sie zwei Möglichkeiten, in Gold und Silber zu investieren: Sie können Münzen oder Barren, also physisches Edelmetall, kaufen. Alternativ dazu gibt es Wertpapiere an der Börse, die das Eigentum an einer bestimmten Menge Gold oder Silber verbriefen. Lesen Sie im Folgenden die Einzelheiten dazu.

Gold und Silber in physischer Form: So kaufen Sie Barren oder Münzen

Es gibt viele spezialisierte Edelmetallhändler (zum Beispiel Degussa Goldhandel, pro aurum, philoro) sowie einige Banken (zum Beispiel Commerzbank, Reisebank), die (Anlage-)Gold und -Silber zum Kauf anbieten. Als Investor haben Sie die Wahl zwischen Barren und Münzen:

- **Barren** erhalten Sie bis 100 Gramm in der Regel in einer Blisterverpackung. Es gibt sie bei Gold schon ab Gewichtseinheiten von einem Gramm, bei Silber ab einer Feinunze (die Feinunze ist das gängige Gewichtsmaß für Edelmetalle und entspricht rund 31,1 Gramm). Bis 100 Gramm sind es gestanzte Barren, ab 100 Gramm erhalten Sie in der Regel gegossene Barren (erkennbar an den runden Kanten). Die Feinheit beläuft sich, je nach Material und Hersteller, auf 999 oder

999,9 von 1000 Teilen. Die Gewichtsangaben beziehen sich übrigens stets nur auf das enthaltene Edelmetall und nie auf die Beimischung (zum Beispiel Kupfer). Barren haben den Vorteil einer bequemen, platzsparenden Lagerung. Auch sind sie aufgrund der etwas weniger aufwendigen Herstellung zumindest in Gewichtseinheiten ab einer Feinunze oft etwas günstiger als Münzen. Dafür taugen sie nur bedingt als Zahlungsmittel – die Menschen akzeptieren lieber Münzen. Silberbarren sind außerdem in Deutschland mehrwertsteuerpflichtig – Sie zahlen also einen Aufpreis von 19 Prozent, der bei Gold entfällt.

➤ **Münzen** sollten Sie für die Geldanlage beziehungsweise den Vermögenserhalt nur in Form von sogenannten Anlagemünzen (*Bullion Coins*, übersetzt etwa »Barrenmünzen«) kaufen. Wie bei Barren gilt auch hier: Der Preis orientiert sich an der aktuellen Notierung des jeweiligen Edelmetalls, auch wenn Sie selbstverständlich auch hier mit einem Aufschlag auf den reinen Materialpreis rechnen müssen. Anlagemünzen gibt es in Gold schon ab einer Stückelung von 1/25 beziehungsweise 1/20 Feinunze, in Silber in der Regel erst ab einer Feinunze. Manchmal werden auch Münzen mit 2, mit 5 oder gar mit 10 Feinunzen angeboten – vor allem aus Silber. Idealerweise legen Sie sich die bekanntesten und am weitesten verbreiteten Münzen in Ihren Tresor. Dazu gehören Krügerrand (Südafrika), Maple Leaf (Kanada), Wiener Philharmoniker (Österreich) und American Eagle (USA). Diese Münzen sind sowohl in Gold als auch in Silber erhältlich. Den Krügerrand als älteste Anlagemünze der Welt gibt es allerdings erst seit 2017 in Silber, sein 50-jähriges Bestehen war Anlass für diese Neuerung. Die Feinheit beläuft sich, je nach Münze und Jahrgang, auf 916,67 (Krügerrand in Gold), 999 oder 999,99 von 1000 Teilen. Zu den beliebtesten und günstigsten Silbermünzen, die nicht in Gold erhältlich sind, gehört der Koala (Australien). Wichtig zu wissen: Goldmünzen sind mehrwertsteuerfrei zu haben, auf Silbermünzen wird in Deutschland jedoch Mehrwertsteuer fällig. Sie können den 19-prozentigen Aufschlag jedoch vermeiden, indem Sie sogenannte differenzbesteuerte Münzimporte kaufen. Hier beläuft sich der Aufschlag auf den Netto-Münzpreis auf 8 bis 9 Prozent (differenzbesteuerte Barren gibt es dagegen nicht).

Idealerweise meiden Sie allzu kleine Stückelungen, weil hier der Aufschlag auf den reinen Materialwert (das sogenannte Aufgeld) groß ist. Sowohl bei Barren als auch bei Münzen weit verbreitet ist die Gewichtseinheit der sogenannten Feinunze (ca. 31,1 Gramm).

Steht bei Ihnen die Wertaufbewahrung im Vordergrund, dann sind Barren die richtige Wahl. Geht es Ihnen vorrangig um eine mögliche Nutzung als Zahlungsmittel in einer Krise, dann liegen Sie mit den bekannteren Münzen wie Krügerrand und Maple Leaf richtig.

Wo Sie günstige Bezugsquellen finden

Sie fragen sich, wo Sie Edelmetallmünzen oder -barren günstig kaufen können? Eine ganze Reihe von Händlern und einige Banken haben sich darauf spezialisiert – viele ermöglichen auch einen Kauf via Versandhandel und verschicken die bestellten Einheiten dann in einem versicherten Paket. Um die günstigsten Bezugsquellen herauszufinden, nutzen Sie auch Preisvergleiche im Internet. Einen solchen finden Sie beispielsweise bei www.gold.de. Sie können in der Navigationsleiste links eine bestimmte Anlagemünze oder einen Barren in der gewünschten Gewichtseinheit auswählen – und erhalten dann als Ergebnis eine Liste der günstigsten Bezugsquellen. Vergessen Sie dabei aber nicht, die ebenfalls angegebenen Versandkosten zu berücksichtigen, falls Sie den jeweiligen Händler nicht persönlich aufsuchen können oder wollen.

Wichtig: Es gibt keine »Schnäppchen« beim Kauf von Barren und Münzen aus Gold oder Silber. Warum sollte Ihnen jemand Gold oder Silber unter dem aktuellen Marktpreis anbieten? Es gibt 1000 Geschäfte in Deutschland, die den Marktpreis bezahlen würden. Auch das Argument »Unkenntnis des Marktpreises« zählt nicht. Der Wert eines Ölgemäldes ist schwer zu ermitteln, den aktuellen Goldpreis finden Sie im Internet jedoch innerhalb von zehn Sekunden. Die einfache Erklärung für Schnäppchen-Angebote: Auch hier gibt es Betrüger! Fälschungen werden immer beliebter. Speziell Goldbarren werden zum Teil meisterhaft gefälscht (Aussehen und Gewicht fast perfekt). Daher die dringende Warnung: Bietet Ihnen jemand Edelmetalle überraschend günstig an, ist es fast immer ein Betrugsversuch. Kaufen Sie Edelmetalle nur bei seriösen Händlern (wie oben aufgezählt).

Gold und Silber im Depot: ETCs ersparen Ihnen den Tresor zu Hause

Sie haben keinen Tresor zu Hause und möchten auch kein Geld für ein Bankschließfach ausgeben? Dann ist eine Wertpapiergattung für Sie womöglich interessant: die sogenannten ETCs. Die Abkürzung steht für »Exchange Traded Commodities«, übersetzt »börsengehandelte Rohstoffe«. Aber Achtung: Auch wenn die Abkürzung ähnlich klingt wie ETFs, so haben ETCs doch mit diesen nicht viel gemein: Ein Anteil eines ETCs repräsentiert eine bestimmte Menge von Gold oder Silber, zum Beispiel ein Gramm oder eine Zehntel Feinunze. Entsprechend liegt die Preisnotierung nahe dem aktuellen Gold- beziehungsweise Silberkurs.

Edelmetall-ETCs sind häufig physisch hinterlegt. Das heißt, mit einem Anteil an einem solchen ETC erwerben Sie eine bestimmte Menge Gold oder Silber, das für Sie tatsächlich in Form von Barren in einem Tresor eingelagert wird. Bei manchen ETCs können Sie sich das Edelmetall später physisch nach Hause liefern lassen, wenn Sie das möchten. Das ist jedoch mitunter mit erheblichen zusätzlichen Kosten und/oder mit einer Mindestanlagesumme verbunden. Und warum sollten Sie Münzen und Barren zu Hause lagern, wenn Sie diese via ETC-Kauf doch bequem vom betreffenden Anbieter in dessen Tresor aufbewahren lassen können? Durch eine Treuhandkonstruktion ist außerdem gewährleistet, dass Ihr Anteil am eingelagerten Gold oder Silber auch dann nicht verloren ist, wenn der Anbieter je pleitegehen sollte.

Bei ETCs fallen allerdings meistens Jahresgebühren an, die bei Silber üblicherweise höher sind als bei Gold – kein Wunder, denn bei gleichem Wert muss ein Silbertresor viel größer sein als ein Goldtresor. Rechnen Sie mit 0,3 bis 0,5 Prozent des in ETCs angelegten Geldes pro Jahr. Nur einige wenige ETCs verlangen keine solche Verwaltungsgebühr, etwa unsere Empfehlung Euwax Gold II (siehe unten). Alle Gebühren sind auf einmal abgegolten mit dem Spread, also Unterschied zwischen An- und Verkaufskurs, den Sie beim Börsenkauf zahlen.

ETCs kaufen Sie ganz einfach, indem Sie bei Ihrer Depotbank eine Wertpapierorder aufgeben. Wir empfehlen allerdings nur ETCs, die in vollem Umfang physisch hinterlegt sind. Unser Favorit ist Euwax Gold II (WKN: EWG2LD, ISIN: DE000EWG2LD7), emittiert von einer Tochter der Stuttgarter Börse. Mit dem Kauf dieses Papiers sichern Sie sich den Anspruch, sich das Edelmetall physisch ausliefern zu lassen. Bei Gewichtseinheiten von 100 Gramm und einem glatten Vielfachen davon ist dies sogar kostenfrei möglich. Euwax Gold II unterliegt außerdem nicht der Abgeltungssteuer – es wird steuerlich behandelt, als wären Sie im Besitz des Goldes in physischer Form, und das heißt: Nach einer Haltedauer von mindestens einem Jahr bleiben die Gewinne steuerfrei.

Ein Hinweis noch: Mit einem ETC auf Silber umgehen Sie das Mehrwertsteuer-Problem, denn das Silber wird außerhalb Deutschlands eingelagert. Voll mit Silber hinterlegt ist beispielsweise Xtrackers Physical Silver ETC (WKN: A1E0HS, ISIN: DE000A1E0HS6). Hier ist allerdings keine Möglichkeit gegeben, sich das Silber physisch ausliefern zu lassen – und auch andere Silber-ETCs bieten diese Option bisher nicht.

Fazit: Am besten kaufen Sie physische Edelmetalle

Am besten werden Sie dem Wunsch nach Währungsabsicherung und Krisenvorsorge mit physischen Edelmetallen gerecht. Doch wenn zu Hause der Tresor fehlt, dann sind auch ETCs eine gute Alternative, direkt in Edelmetalle zu investieren. Hier fehlt allerdings die Möglichkeit, sie als Zahlungsmittel einzusetzen – eine physische Auslieferung wird zwar manchmal angeboten, ist aber in der Praxis zu teuer.

Jetzt kennen Sie die ganze Palette der Wertpapiere beziehungsweise Vermögenswerte, die wir Ihnen zur Anlage von 50 000 Euro empfehlen. Im folgenden Kapitel finden Sie nun konkrete Gestaltungsmöglichkeiten für drei verschiedene Szenarien. Am besten prüfen Sie, welches am besten zu Ihrer persönlichen Situation passt, und setzen die entsprechenden Ratschläge um. Sie können dabei aber durchaus die Anlage-Strategie etwas abwandeln oder auch Anregungen aus den beiden Szenarien aufnehmen, die Sie als weniger passend eingestuft haben.

Kapitel 11

Geldanlage: Passen Sie Ihr Wertpapier-Depot Ihren persönlichen Lebensumständen an

Um es ganz offen zu sagen: Es gibt bei der Geldanlage nicht *die eine* Musterlösung, die für jeden passt. Eine solche Lösung kann daher auch dieses Buch nicht liefern. Einige Gründe:

- Ein 30-jähriger Anleger, der langfristig, über mehrere Jahrzehnte eine private Altersvorsorge aufbauen will, wird eine gänzlich andere Anlagestrategie verfolgen als ein Anleger im Ruhestand, der sich regelmäßige Ausschüttungen (Dividenden) für den persönlichen Konsum und gleichzeitig einen Krisenschutz wünscht.

- Ein wichtiger Faktor ist auch der Zeitaufwand. Wer voll im Berufsleben steht, eine Familie gründet und ein Haus bauen will – und nicht zufällig das Thema Börse als Hobby hat – wird nicht die Zeit opfern wollen, von jeder einzelnen Aktie im Depot mindestens vier Quartalsberichte im Jahr zu studieren. Hier sind pflegeleichte Lösungen erforderlich, die wenig Zeit benötigen. Wer dagegen im Ruhestand ist, hat die Zeit und Muße für die Analyse der Geschäftsberichte. Die Arbeit mit den Zahlen ist gut für den eigenen Geldbeutel und ist auch eine Art Gehirn-Jogging. Dazu eine persönliche Beobachtung: Seit rund 15 Jahren besuchen wir fast jedes Jahr die Hauptversammlung der US-amerikanischen Beteiligungsholding Berkshire Hathaway. Wenn Sie live erleben, wie geistig frisch und rhetorisch schlagfertig die beiden Börsen-Legenden Warren Buffett (Jahrgang 1930) und Charlie Munger

(Jahrgang 1924) in ihrem hohen Alter gute sechs Stunden lang durch das Programm der Hauptversammlung führen und geduldig Dutzende Fragen aus dem Publikum beantworten, kommen wahrscheinlich auch Sie zu der Erkenntnis, dass die Börse eine Art Jungbrunnen sein muss.

- Ein weiterer wichtiger Unterscheidungspunkt: Einige Anleger bekommen massive Albträume, wenn eine Depot-Position kurzzeitig 10 oder 20 Prozent im Minus steht. Wenn Sie mit dieser Art von Stress nicht leben können, sollten Sie sich auch nicht quälen und ganz einfach schwankungsarme Investments auswählen (geringer Aktienanteil, hoher Rentenanteil). Wer dagegen müde einschläft, wenn sein Depot auf Jahressicht nur 6 Prozent Rendite abwirft, der muss den Rentenanteil reduzieren und verstärkt auf dynamische Aktien setzen. Auch aus diesem Grund kann es nicht die eine Musterlösung geben.

Dieses Buch präsentiert trotz der unterschiedlichen Wünsche und Bedürfnisse passende Antworten. Wir liefern Ihnen für drei unterschiedliche Lebenssituationen Musterlösungen. Sie können die Lösung, die am besten Ihre Situation trifft, weitgehend kopieren. Und wenn kein Szenario ideal passt, haben Sie auch die Möglichkeit, einzelne Bausteine nach Ihren Wünschen zu kombinieren. Wir stellen ganz bewusst jede Anlageform und jedes einzelne Investment relativ ausführlich vor, damit Sie Orientierungspunkte haben, warum wir welches Investment in das jeweilige Musterdepot gepackt haben.

Szenario 1: 30-Jähriger will Erbschaft anlegen

Ausgangslage: Der Anleger ist 30 Jahre alt, besitzt (noch) kein ausgeprägtes Börsenwissen und möchte mit der Startsumme von 50 000 Euro (zum Beispiel aus einer Erbschaft) die private Altersvorsorge langfristig aufbauen.

Wenn Sie Ihr Geld langfristig an der Börse anlegen können, ist das eine perfekte Ausgangslage. Zwischenzeitliche Crash-Phasen verlieren dann ihren Schrecken, weil sie einfach »ausgesessen« werden können. Gleichzeitig können Sie die Top-Renditen des Aktienmarktes langfristig nutzen. So hat der deutsche Leitindex DAX seit seiner Gründung vor 30 Jahren pro Jahr eine durchschnittliche Rendite von rund 8 Prozent gebracht. Das ist eine brauchbare Kalkulationsbasis. Wenn Sie jetzt Ihre 50 000 Euro in Aktien investieren und bis Rentenbeginn in 35 Jahren (Renteneintrittsalter 65 Jahre) auf 8 Prozent Rendite kommen, wird aus Ihrer Startsumme ein Vermögen von knapp 740 000 Euro. Wenn Sie konservativ planen und sicherheitshalber 2 Prozent Inflation pro Jahr abziehen, um die tatsächliche Kaufkraft zu ermitteln, kommen Sie in 35 Jahren auf ein Vermögen von 384 000 Euro (mit der Kaufkraft von heute).

Das bedeutet im Klartext: Mit der Startsumme von 50 000 Euro können Sie sich ein finanziell sorgenfreies Leben im Ruhestand finanzieren. Und es kommt noch besser: Wenn Sie nicht nur diese Einmalsumme investieren und 35 Jahre lang laufen lassen, sondern einen ganz einfachen Sparplan als Rendite-Hebel einsetzen, der mit wenig Arbeit verbunden ist, erhalten Sie noch bessere Ergebnisse. Wir denken dabei an den Cost Average Effect, den wir hier im Buch bereits angesprochen haben und gleich mit noch mehr Leben füllen werden, und an die Ausnutzung des Zinseszinseffektes (reinvestieren Sie direkt wieder die Dividenden und Zinsen, die Sie in den kommenden Jahren erhalten). Mit diesen beiden »Tricks« hebeln Sie Ihren Gewinn noch weiter nach oben, ohne dafür das Risiko erhöhen zu müssen.

Falls Sie noch immer nicht überzeugt sind, dass sich die Beschäftigung mit der Börse (die ja auch Arbeit bedeutet) lohnt, hier die aktuellen Ergebnisse einer Studie der Universität Freiburg. Untersucht wurde, wie viel Prozent ihres letzten Bruttoeinkommens die verschiedenen Altersjahrgänge mit der gesetzlichen Rentenversicherung abdecken können. Das Ergebnis zeigt Tabelle 11.1.

Altersgruppe	Durchschnitt im Monat	Durchschnitt
50 bis 65 Jahre	1184 €	64,1 %
35 bis 49 Jahre	1048 €	43,2 %
20 bis 34 Jahre	981 €	38,6 %

Tabelle 11.1: Anteil der gesetzlichen Rente am letzten Bruttoeinkommen, Quelle: Universität Freiburg für Union Investment

Das Ergebnis kurz zusammengefasst: Je jünger Sie sind, desto größer wird der Druck, zusätzlich zur staatlichen Altersvorsorge einen privaten Kapitalgrundstock aufzubauen. Auf den folgenden Seiten erfahren Sie, wie das funktioniert, auch wenn Sie noch kein Börsen-Experte sind.

Indexfonds: Langlebig und einfach

Für das sehr langfristig ausgelegte Starter-Depot – mit einer geplanten Laufzeit von mehreren Jahrzehnten – haben wir nur ETF-Instrumente ausgewählt. Der Grund: Indexfonds (ETFs) haben eine lange Lebensdauer, sind günstig und einfach. Bei Investitionen über einen Zeitraum von drei, fünf oder auch gut zehn Jahren setzen wir verstärkt auf Aktien und aktiv geführte Aktienfonds, aber bei Marathon-Investments haben Indexfonds (ETFs) die Nase vorn:

- Aktive Fonds haben oft eine begrenzte Lebensdauer. Eine aktuelle Morningstar-Studie hat ergeben, dass auf Sicht von 15 Jahren 52 Prozent der aktiv geführten Aktienfonds geschlossen worden sind. Unter Umständen kann schon der Wechsel des Fondsmanagers die Qualität deutlich verschlechtern.

- Aktien sind dann erste Wahl, wenn Sie auch etwas Zeit in das Thema investieren können und wollen. Mit 30 Jahren hat man dagegen oft andere Aufgaben (berufliche Karriere, Familie, Eigenheim).

ETF-Sparpläne: So umgehen Sie elegant das Timing-Problem und erhalten günstige Einstiegskurse

Theoretisch könnten Sie auf einen Schlag die gesamte Summe in einen ETF stecken. Das Problem ist nur: Es ist vorab völlig unklar, ob Sie dabei einen günstigen Einstiegstermin erwischen. Zum Glück lässt sich bei vielen ETFs dieses sogenannte Timing-Problem, also das Problem, den richtigen Einstiegszeitpunkt zu wählen, elegant umgehen: mit einem Sparplan.

Bei einem Sparplan kaufen Sie Ihre ETF-Anteile nicht auf einmal, sondern in gleichbleibenden Raten nach und nach. Was soll das Ganze bringen? Die Antwort ist einfach: Sie profitieren auf diese Weise vom sogenannten Durchschnittskosten-Effekt (Cost Average Effect), den wir Ihnen schon in Kapitel 4 kurz vorgestellt haben. Im Durchschnitt erhalten Sie über alle Raten einen vergleichsweise günstigen Einstiegspreis. Hier ein Musterbeispiel für Sie:

Aktueller Preis je Fondsanteil in Euro	Monatliche Sparrate in Euro	Fondsanteile je Rate	Anteile gesamt	Gesamteinzahlungen in Euro	Gesamtwert in Euro
100	100	1	1	100	100
66	100	1,5	2,5	200	165
80	100	1,25	3,75	300	300
50	100	2	5,75	400	287,5
66	100	1,5	7,25	500	478,5
80	100	1,25	8,5	**600**	**680**

Tabelle 11.2: Wie sich der Durchschnittskosten-Effekt auswirkt

Sechs Monate lang zahlen Sie jeden Monat 100 Euro in einen Fonds-Sparplan ein. Am Ende haben Sie 600 Euro eingezahlt und besitzen Fondsanteile im Wert von 680 Euro.

Wir betrachten in diesem Rechenbeispiel einen Sparzeitraum von sechs Monaten. In dieser Zeitspanne schwanken die Kurse je Fondsanteil zwischen 50 und 100 Euro. In einer solch schwankungsstarken Phase wäre es pures Glück, wenn Sie mit einer einzigen großen Investition den Tiefstkurs erwischen würden. Das wäre »Zockerei«. Mit den monatlichen Sparraten umgehen Sie dagegen das Timing-Problem. Anhand der Zahlen in den beiden rechten Spalten erkennen Sie, dass der Cost Average Effect keine Gewinngarantie bietet (in einigen Monaten liegt Ihr Depotwert unter der eingezahlten Summe), doch nach einiger Zeit erreichen Sie fast zwangsläufig die Gewinnzone, weil Sie in schlechten Börsenphasen viele Anteile erworben haben und in teuren Börsenzeiten nur wenige. In diesem Beispiel haben Sie nach sechs Monaten 600 Euro investiert und besitzen Fondsanteile im Wert von 680 Euro. Das ist bereits ein zweistelliger Gewinn.

Der Faktor Zeit ist an der Börse Ihr größter Freund

Ein Sparplan mit einer Monatsrate von 100 Euro klingt für einige Leser vielleicht etwas langweilig. Das hört sich nach »Kleckerbeträgen« an. Doch unterschätzen Sie dabei den Faktor Zeit nicht! Selbst kleine Beträge werden langfristig – mit der passenden Aktienfonds-Rendite – zu einem ansehnlichen Vermögen. Wir haben für Sie eine Modellrechnung mit verschiedenen Anlagezeiträumen und Renditen erstellt.

Jahre	6 Prozent Rendite	8 Prozent Rendite	10 Prozent Rendite
5	6984 Euro	7345 Euro	7717 Euro
10	16 331 Euro	18 137 Euro	20 146 Euro
15	28 838 Euro	33 994 Euro	40 162 Euro
20	45 577 Euro	57 294 Euro	72 399 Euro
25	67 958 Euro	91 484 Euro	124 315 Euro
30	97 953 Euro	141 831 Euro	211 529 Euro

Tabelle 11.3: Das wird mit der Zeit aus einer monatlichen Einzahlung von nur 100 Euro in einen Sparplan

Wer fünf Jahre lang 100 Euro pro Monat in einen Aktien-Sparplan einzahlt und dabei eine Rendite von 8 Prozent pro Jahr erreicht (das ist die historische Durchschnittsrendite der meisten großen Aktienmärkte), kommt am Ende auf 7345 Euro, von denen er 6000 Euro selbst eingezahlt hat. Wer das 30 Jahre bis zur Rente durchhält, kann sich über ein »Ruhestandsgeld« von über 140 000 Euro freuen, von denen er lediglich 36 000 Euro selbst eingezahlt hat. Auch kleine Summen ergeben ein ansehnliches Vermögen, wenn die Zeit für den Sparer arbeitet.

Noch deutlich höhere Zielsummen erhalten Sie, wenn Sie mit größeren Beträgen starten. Nehmen wir an, Sie teilen die Startsumme von 50 000 Euro in zwei Hälften und investieren den ersten Teilbetrag (25 000 Euro) in einen Sparplan. Aufgrund der unsicheren Zeiten (politische Krisen, Schuldenkrisen) lassen Sie einfach etwas Zeit und kaufen ETF-Anteile für monatlich 400 Euro. Nach gut fünf Jahren haben Sie dann die 25 000 Euro gleichmäßig investiert. Für diese Variante schlagen wir Ihnen die vier folgenden Indexfonds vor:

1. ETF DAX (WKN: DBX1DA) von Xtrackers (Tochter der Deutschen Bank): Dieser ETF deckt die 30 größten deutschen Aktienwerte ab.

2. ETF MDAX (WKN: ETF007) von ComStage (Tochter der Commerzbank): Dieser ETF deckt die mittelgroßen deutschen Aktienwerte ab.

3. ETF MSCI World (WKN: ETF110) von ComStage (Tochter der Commerzbank): Dieser ETF deckt den Weltindex mit den global größten Aktiengesellschaften ab.

4. ETF S&P US Dividend Aristocrats (WKN: A1JKS0), vom amerikanischen ETF-Anbieter State Street: Dieser ETF deckt US-Werte mit besonders guter Dividendenhistorie ab.

Die Grundüberlegung bei der ETF-Auswahl: Mit den beiden Indexfonds auf den DAX und MDAX decken Sie den heimischen Markt ab. Diesen Markt können Sie am besten beobachten. Währungsschwankungen brauchen Sie nicht zu beachten, da alle Werte auf Euro lauten. Mit dem Weltindex MSCI World decken Sie den globalen Aktienmarkt ab. Und als Abrundung investieren Sie zusätzlich in einen Indexfonds, der auf besonders dividendenstarke US-Werte setzt. Auf Dauer schlagen viele gute Dividenden-Aktien den allgemeinen Markt. Am US-Markt wird sogar besonders großer Wert auf eine solide und berechenbare Dividendenpolitik gelegt, denn viele US-Sparer setzen auf Dividenden-Werte als Altersvorsorge.

Eröffnen Sie für alle vier Indexfonds jeweils einen Sparplan. Wenn Sie pro Sparplan und ETF 100 Euro pro Monat investieren (= 400 Euro im Monat), haben Sie nach gut fünf Jahren die Teilsumme von 25 000 Euro investiert.

Basis für den Sofort-Start: Ein ETF-Portfolio

Die zweite Teilsumme über 25 000 Euro können Sie auf einen Schlag investieren. Da noch immer die oben genannten Risiken gelten (politische Krisen, Schuldenkrisen), empfehlen wir Ihnen einen flexiblen Mischfonds, der auf Aktien- und Renten-ETFs setzen kann (ein reines Aktien-Produkt wäre in der aktuellen Lage etwas zu riskant für Einsteiger).

Der Mischfonds Xtrackers Portfolio ETF (WKN: DBX0BT) kombiniert Aktien- und Anleihen-ETFs. Beide Anlageklassen können jeweils 30 bis 70 Prozent des Portfolios ausmachen. In der aktuell schwierigen Marktphase werden beide Anlageklassen in etwa gleich gewichtet, wobei der Aktienanteil mit 54 zu 46 Prozent etwas dominanter ist.

In der Vergangenheit hat dieser Mischfonds gute Ergebnisse gebracht. Über einen Zeitraum von fünf Jahren lag die Rendite pro Jahr bei 6,14 Prozent. Damit wurden viele aktiv geführte Mischfonds geschlagen. Ein Grund ist die günstige Kostenstruktur: Das ETF-Portfolio bekommen Sie bereits für eine Jahresgebühr von 0,7 Prozent. Die aktiv geführten Mischfonds verlangen oft Jahresgebühren von 1,5 bis 2,5 Prozent.

Unser Praxistipp: Ziehen Sie nach fünf Jahren eine erste Zwischenbilanz! Wenn Sie nach den gut fünf Jahren die 25 000 Euro in die vier oben genannten Sparpläne investiert haben, können Sie überlegen, ob Sie den Mischfonds schrittweise abstoßen und mit den Verkaufserlösen die vier Sparpläne fortführen. Sind Sie mit der Performance des ETF-Portfolios zufrieden, können Sie einfach alle fünf Depot-Positionen (die vier per Sparplan aufgebauten ETF-Positionen und den ETF-Mischfonds) so weiterlaufen lassen. Tabelle 11.4 zeigt alle für Szenario 1 vorgestellten Empfehlungen im Überblick.

Name	Anlage-art	WKN	Kurzkommentar	Depot-Anteil
Xtrackers Portfolio ETF	Mischfonds	DBX0BT	ETF-Mischfonds mit jeweils 30 bis 70 % Aktien- und Anleihen-Anteil	25 000 €
Xtrackers ETF DAX	Indexfonds	DBX1DA	ETF deckt die größten deutschen Aktien ab	6250 € über fünf Jahre (Sparplan)
ComStage MDAX ETF	Indexfonds	ETF007	ETF deckt die mittelgroßen deutschen Aktien ab	6250 € über fünf Jahre (Sparplan)
ComStage MSCI World ETF	Indexfonds	ETF110	ETF deckt die weltweit größten Aktiengesellschaften ab	6250 € über fünf Jahre (Sparplan)
SPDR S&P US Dividend Aristocrats	Indexfonds	A1JKS0	ETF deckt die besten US-amerikanischen Dividenden-Aktien ab	6250 € über fünf Jahre (Sparplan)

Tabelle 11.4: Anlageempfehlungen für Szenario 1

Szenario 2: 50-Jähriger bemerkt drohende Rentenlücke

Ausgangslage: Der Anleger ist 50 Jahre alt, hat bisher 50 000 Euro angespart und merkt dann, dass im geplanten Ruhestand mit 65 Jahren eine große Rentenlücke droht. Ziel ist ein starker Kapitalzuwachs innerhalb von 10 bis 15 Jahren.

Auch diese Situation kennen Sie wahrscheinlich aus Ihrem Bekannten- oder Freundeskreis oder aus eigenem Erleben: Eine mit 50 Jahren gezogene Zwischenbilanz ergibt, dass sich das Arbeitsleben langsam dem Ende zuneigt, aber gleichzeitig im Ruhestand ein finanzieller Engpass droht. Mit den staatlichen Rentenansprüchen lässt sich das gewohnte Leben mit Hobbys, Auto und Reisen nicht mehr finanzieren. Es fehlt im Alter ein sechsstelliger Betrag, um später die staatliche Rente mit 500 bis 1000 Euro pro Monat aufzubessern. Wenn aus den 50 000 Euro innerhalb von zehn Jahren mindestens 100 000 Euro werden sollen, ist eine Rendite von knapp 8 Prozent pro Jahr nötig. Eine solche Rendite lässt sich über längere Zeiträume nur am Aktienmarkt erwirtschaften (oder mit Mischfonds mit hoher Aktienquote).

Wir haben für Sie als Lösung ein Portfolio aus aktiven Fonds und aus Indexfonds erstellt. Um es sportlich auszudrücken: Zwei Fonds mit Value-Strategie für die Verteidigung (es wird auch stürmische Börsenzeiten geben), zwei Fonds mit einem ausgewogenen Risikoprofil und ein wachstumsorientierter Fonds als Sturmspitze für den Rendite-Kick. Hier die empfohlenen Fonds im Detail:

1. Frankfurter Aktienfonds für Stiftungen (WKN: A0M8HD)
Lassen Sie sich durch den Namenszusatz »für Stiftungen« nicht irritieren. Auch als Privatanleger können Sie diesen Fonds kaufen. Die Fondsmacher bringen ihr Anlageziel sehr schön auf den Punkt:

»Der Frankfurter Aktienfonds für Stiftungen investiert in unterbewertete Aktien mit einer hohen Sicherheitsmarge, um das Risiko zu reduzieren, gleichzeitig aber auch die Renditechancen zu erhalten. Der Fokus liegt auf Small und Mid Caps mit Schwerpunkt Europa, die eine hohe Dividendenrendite erwarten lassen. Der Fonds dient dem langfristigen Erhalt und Zuwachs des Vermögens. Ob institutionelle Investoren wie Stiftungen, Versorgungskassen und Versicherungen oder Privatanleger – das Ziel ist für alle gleich: auf Dauer kein Geld zu verlieren und darüber hinaus eine mittel- bis langfristig überdurchschnittliche Rendite zu erzielen. Dem fühlen wir uns verpflichtet.«

Bei der Aktienauswahl beherzigen die Fondsmanager die bekannten Value-Kriterien:

- **Investiere in eine Aktie mit »Sicherheitsmarge«** (das bedeutet: die Aktie muss an der Börse deutlich – zum Beispiel 30 Prozent – unter dem fundamental berechneten Kursziel notieren). Der Star-Investor Warren Buffett, der bekannteste Vertreter der Value-Schule, hat es auf den Punkt gebracht: »Die Frage, wie man reich wird, ist leicht zu beantworten. Kaufe einen Dollar, aber bezahle nicht mehr als 50 Cent dafür.«

- **Investiere in inhabergeführte Unternehmen** (das bedeutet: Manager, die am Unternehmen beteiligt sind, agieren oft nachhaltiger und erfolgreicher als »eingekaufte« Manager, die eher an die kurzfristig erreichbaren Bonus-Zahlungen denken).

- **Investiere in Unternehmen, die einen Burggraben besitzen** (das bedeutet: das Unternehmen sollte durch Patente, einen starken Namen, bekannte Marken oder andere Vorteile einen möglichst uneinnehmbaren Wettbewerbsvorteil besitzen, mehr dazu weiter unten)

- **Nutze die Psychologie des Marktes** (das bedeutet: In Boomphasen ist »Mr Market«, der die Mehrzahl der Marktteilnehmer repräsentiert, extrem optimistisch und zahlt viel zu hohe Preise für Aktien; in Krisenzeiten ist »Mr Market« depressiv und verschleudert seine Aktien zu Schnäppchenpreisen. Im Crash muss man als Value-Investor mutig sein und gegen die Weltuntergangsstimmung Aktien billig einsammeln). Buffett empfiehlt: »Seien Sie ängstlich, wenn die Welt gierig ist und seien Sie gierig, wenn die Welt ängstlich ist.«

Die konservative Value-Strategie ist nicht gleichbedeutend mit einer »lahmen« Rendite. Seit der Fondsauflegung im Jahr 2008 hat der Fonds im Jahresdurchschnitt um 10,06 Prozent zugelegt. Der Vergleichsindex kam im gleichen Zeitraum »nur« auf einen Wertzuwachs von gut 8 Prozent.

Mischfonds Acatis Gané Value Event Fonds (WKN: A0X754)
Dieser Mischfonds setzt ebenfalls auf die Value-Strategie im Sinne von Warren Buffett. Aktien im Portfolio müssen unter anderem folgende Qualitätskriterien erfüllen:

- gutes Geschäftsmodell
- starkes Management
- attraktive Bewertung der Aktien

Die Fondsmanager, die auch eigenes Geld in den Fonds investieren und so ihr Vertrauen in die eigene Anlagequalität demonstrieren, setzen aber nicht nur auf die bekannte Value-Strategie, sondern zusätzlich auf Kurstreiber (»Events«), die dafür sorgen können, dass die Kurse der Aktien und Anleihen nach oben springen. Solche kurzfristigen Kurstreiber können zum Beispiel sein:

- eine Übernahme
- eine Abspaltung
- ein neues, wachstumsstarkes Produkt
- ein Aktienrückkaufprogramm

Die Kombination dieser beiden Strategien hat sich in den vergangenen zehn Jahren bewährt (Fondsgründung war 2008). Seit Fondsgründung schaffte der Fonds eine durchschnittliche Jahresrendite von 10,35 Prozent.

ETF MSCI World (WKN: ETF110)

Der Indexname MSCI World ist, wie bereits erwähnt (siehe Kapitel 7), eine leichte Übertreibung. Denn dieser Index deckt nicht die ganze Börsenwelt ab. Rund zwei Dutzend Industrienationen haben sich für diesen Index »qualifiziert«. Den bei Weitem größten Teil bildet der US-Markt mit einem Indexgewicht von über 60 Prozent. Mit großem Abstand folgen Aktien aus Japan, Großbritannien, Frankreich, Kanada, Deutschland, Schweiz, Australien, Hongkong und den Niederlanden. Einzelne Aktienschwergewichte im Index (und damit auch im Indexfonds) sind zur Zeit (Stand September 2018): Apple, Microsoft, Amazon, Facebook, Alphabet, Johnson & Johnson, ExxonMobil und die Bank of America. Insgesamt befinden sich gut 1600 Aktien in diesem Welt-Index.

Die Zusammenstellung (Länderauswahl, Einzelwerte) mag auf den ersten Blick langweilig erscheinen, aber das sind die Länder und die Aktien, die zuletzt für Kurssteigerungen an den Weltbörsen gesorgt haben. Und oft halten solche Trends über mehrere Jahre. Sie sollten diesen Index daher nicht unterschätzen.

Ein weiterer Pluspunkt sind die niedrigen Kosten: Der ETF-Anbieter ComStage verlangt nur eine Gebühr von 0,20 Prozent pro Jahr. Wesentlich günstiger können Sie den Aktienmarkt nicht abdecken.

ETF S&P US Dividend Aristocrats (WKN: A1JKS0)
In den USA sind Aktien – anders als in Deutschland – ein elementarer Bestandteil der Altersvorsorge. Da die Sparer Ausschüttungen für die Lebenshaltungskosten benötigen, sind Aktien mit stetigen und hohen Dividenden besonders beliebt. Unternehmen, die eine makellose Dividenden-Historie aufweisen (keine Kürzungen oder Streichungen), haben eine besonders große und treue Fangemeinde. Die Nachfrage aus dieser Anlegergruppe stützt und fördert den Kurs. Daher legen viele US-Unternehmen großen Wert darauf, in den »Dividenden-Adel« aufzusteigen. Das gibt Pluspunkte an der Börse.

Mit dem ausgewählten Indexfonds decken Sie rund 100 Top-Dividenden-Zahler aus den USA ab. Die Konzentration auf diesen »Dividenden-Adel« hat sich bisher ausgezahlt. Seit der Fondsgründung im Jahr 2011 schaffte der ETF ein durchschnittliches Jahresplus von 13,93 Prozent. Ebenfalls positiv: Die jährlichen Gebühren von nur 0,35 Prozent.

Aktienfonds Siemens Global Growth (WKN: 977265)
Als letzten Fonds empfehlen wir Ihnen noch einen »Offensiv-Spieler« für Ihr Fonds-Depot. Der Aktienfonds Siemens Global Growth setzt – wie der Name schon sagt – auf Wachstumstitel. Das Fondsmanagement sucht Unternehmen mit einer dynamischen Umsatz- und Gewinnentwicklung. Die ausgewählten Unternehmen kommen dabei aus den Regionen Europa, Nordamerika und Japan.

Im Portfolio befanden sich zuletzt Wachstumswerte wie Wirecard, Carl-Zeiss Meditec, Nemetschek, Bechtle, Microsoft und Cyberdyne. Auch die neue Lieblings-Aktie von Warren Buffett, Apple, darf nicht fehlen. Bei Apple schlagen zur Zeit Value- und Wachstumsinvestoren zu. Tabelle 11.5 zeigt alle Empfehlungen im Überblick:

Name	Anlageart	WKN	Kurzkommentar	Depot-Anteil
Frankfurter Aktienfonds für Stiftungen	Aktienfonds	A0M8HD	Defensiver Aktienfonds mit Value-Ansatz	10 000 €
Acatis Gané Value Event Fonds	Mischfonds	A0X754	Mischfonds mit Value-Ansatz	10 000 €
MSCI World	Aktien-Indexfonds	ETF110	Global anlegender Aktien-ETF	10 000 €
S&P US Dividend Aristocrats	Aktien-Indexfonds	A1JKS0	Schwerpunkt US-Dividenden-Aktien	10 000 €
Siemens Global Growth	Aktienfonds	977265	Wachstumswerte aus Nordamerika, Europa und Japan	10 000 €

Tabelle 11.5: Anlageempfehlungen für Szenario 2

Die Konzentration auf Wachstumswerte bringt Licht und Schatten. In Crash-Phasen wie 2000 bis 2003 verliert der Fonds zweistellig. In guten Börsenjahren – die zum Glück häufiger vorkommen – sind dafür hohe zweistellige Gewinne von über 30 Prozent machbar. Als einzelner Fonds wäre diese Position etwas zu schwankungsstark, aber flankiert von schwankungsärmeren Value-Fonds ist der Siemens Global Growth eine starke Rendite-Beimischung.

Ein wichtiger Hinweis: Alle fünf vorgestellten Fonds können Sie ganz einfach über die Börse kaufen. Auf diese Weise sparen Sie bei den aktiv geführten Fonds den Ausgabeaufschlag. Einfach in der Ordermaske beim Börsenplatz statt »KAG« (steht für die Fondsgesellschaft) eine Börse wie Hamburg, Frankfurt, Tradegate oder Stuttgart auswählen.

Szenario 3: 65-Jähriger zielt auf Hinzuverdienst und Vermögenssicherung

Ausgangslage: Der Anleger ist 65 Jahre alt und möchte mit den 50 000 Euro auf der einen Seite den Ruhestand versüßen und auf der anderen Seite sein Lebenswerk schützen.

Wenn Sie einen Bankberater fragen oder ältere Fachliteratur zum Thema Geldanlage lesen, werden Sie fast immer auf die folgende Formel stoßen:

100 – Alter = Aktien-Quote

Das bedeutet umgerechnet: Ein junger Sparer, der erst 30 Jahre alt ist, kann sich eine hohe Aktien-Quote von 70 Prozent erlauben. Ein 50-Jähriger sollte schon vorsichtiger agieren und die Aktien-Quote auf 50 Prozent senken. Und wer schon 70 Jahre alt ist, sollte nicht höher gehen als 30 Prozent. Das einfache Grundprinzip hinter dieser Formel lautet: je älter, desto geringer das gewählte Risiko.

Für diese Standardformel sprechen zwei Argumente:

- Je älter ein Anleger ist, desto schwerer fällt es ihm, einen Crash am Aktienmarkt einfach auszusitzen (in den vergangenen 20 Jahren hat es jeweils rund drei Jahre gedauert, bis der deutsche Leitindex DAX wieder das alte Vorkrisenniveau erreicht hat).

- Wenn es ganz ungünstig läuft und ein Teil der Ersparnisse komplett verloren geht, hat ein Anleger nicht mehr die Chance, sich einen neuen Kapitalstock zu erarbeiten.

Aus unserer Sicht sprechen jedoch deutlich mehr Gründe gegen die Sinnhaftigkeit der oben genannten Formel. Einige davon:

- Im Ruhestand gibt es Monat für Monat feste Auszahlungen (Rente, Pension, Betriebsrente etc.). Und in den kommenden zehn bis 15 Jahren ist das Rentensystem aus unserer Sicht noch nicht in Gefahr. Reichen diese Zahlungen für die normalen Lebenshaltungskosten, kann ein Ruheständler die Ersparnisse deutlich offensiver anlegen, wenn es noch größere finanzielle Ziele gibt.

- Die teuren Lebens-Investitionen, die sechsstellige Summen verschlingen (Hausbau, Kindererziehung etc.), sind im Regelfall lange abgeschlossen. Die Ersparnisse können daher flexibel angelegt werden.

- Der Begriff »Sicherheit« muss neu definiert werden. Die Aussage »Aktie = unsicher, Anleihe = sicher« ist nicht korrekt und war in dieser Form wohl auch noch nie korrekt. Seit Erfindung der Zinspapiere gab und gibt es immer wieder Staaten und Unternehmen, die irgendwann kein Geld mehr für Zinsen und Rückzahlung hatten. Jüngstes Beispiel, das viele deutsche Sparer hart getroffen hat, war der Schuldenschnitt in Griechenland. Auch die in Kapitel 1 genannten Risiko-Investments, vor denen wir dringend warnen, sind oft Zinspapiere (Prokon-Genussrechte etc.).

- Solide Zinspapiere mit dem Spitzen-Rating AAA werfen – anders als früher – keine positive Rendite ab. Auf dem Papier bleibt dann Ihr Kapital erhalten, aber die Inflation sorgt für eine schleichende Enteignung. Wer 0 Prozent Zinsen akzeptiert, wird aufgrund des Kaufkraftverlustes auf jeden Fall verlieren. Solide Dividenden-Aktien können Sie aus der Zinsfalle befreien.

Aus diesen Gründen halten wir uns nicht an die oben genannte Formel (100 – Alter = Aktien-Quote), sondern empfehlen eine offensivere Strategie mit vier unterschiedlichen Bausteinen:

- zwei Mischfonds als Mini-Vermögensverwaltungen
- fünf Dividenden-Aktien als Zinsersatz
- fünf Value-Aktien für mehr Rendite
- Gold als Krisenschutz

Zwei Mischfonds als Mini-Vermögensverwaltungen

Wenn Sie einen guten Vermögensverwalter suchen, der nicht nur Lösungen von der Stange anbietet, müssen Sie hohe sechsstellige oder besser siebenstellige Beträge mitbringen. Eine Alternative für vier- bis fünfstellige Beträge: Einige Vermögensberater und Fondsgesellschaften bieten Fondslösungen an, die Sie wie eine Mini-Vermögensverwaltung einsetzen können. In diesen Mischfonds kombinieren die Fondsmanager diverse Anlageformen und fahren zum Beispiel, je nach Marktlage, den Kassenbestand im Fonds hoch oder runter. Wir haben für Sie zwei aktiv geführte Mischfonds ausgesucht, damit Sie zwei unterschiedliche Strategien kombinieren können: einen Fonds, der defensiv und nachhaltig ausgerichtet ist, und einen, der das Geld eher offensiv anlegt.

Defensiver Mischfonds FOS Rendite und Nachhaltigkeit (WKN: DWS0XF)

Dieser Mischfonds aus dem Hause DWS (Fondstochter der Deutschen Bank) investiert in bonitätsstarke Anleihen und zu maximal 35 Prozent in Aktien und Aktienfonds. Seine WKN lautet DWS0XF, die ISIN DE000DWS0XF8. Die Portfolio-Gewichtung sah zum Stichtag 31. August 2018 wie folgt aus: 63,7 Prozent Anleihen, 21,6 Prozent Aktien, 10,3 Prozent Fonds 1,8 Prozent Zertifikate, 0,8 Prozent REITs (börsengehandelte Immobilien-AGs) und 1,8 Prozent Barreserven.

Der Fonds eignet sich für Privatanleger, die sich langsam an das Thema Aktien herantasten und in der Startphase größere Schwankungen vermeiden möchten. Wie der Name bereits andeutet, ist das Thema Nachhaltigkeit ein wichtiges Auswahlkriterium. Nach eigenen Angaben verbindet der Fonds den Anleger-Wunsch nach Vermögenssteigerung mit der Verantwortung gegenüber Gesellschaft sowie Mensch und Natur. Staaten und Unternehmen, die gegen ethische oder ökologische Kriterien verstoßen, werden bei der Aktien- und Anleihenauswahl nicht berücksichtigt.

Der Fonds überzeugt weiterhin mit zwei Pluspunkten: Zum einen ist die Rendite trotz der defensiven Aufstellung und der Niedrigzins-Phase relativ attraktiv. Das Fünf-Jahres-Ergebnis liegt bei +18,9 Prozent. Das entspricht einer jährlichen Rendite von 3,5 Prozent. Bis Anfang 2018 war die Rendite sogar noch höher, doch da im laufenden Jahr bisher weder Anleihen noch Aktien gute Renditen abgeworfen haben, wurde die Performance leicht nach unten gedrückt. In guten Börsenphasen wird die Rendite auch wieder steigen. Zum anderen sind die jährlichen Gebühren mit nur 0,9 Prozent erfreulich niedrig. Unser Tipp: Den Ausgabeaufschlag in Höhe von 3 Prozent können Sie vermeiden, indem Sie den Fonds einfach über die Börse kaufen statt über die Fondsgesellschaft (Kapitalanlagegesellschaft, kurz KAG). Wählen Sie dazu als »Handelsplatz« im Orderformular eine Börse aus und vermeiden Sie den Eintrag »KAG«.

Die Erträge, die sich im Fonds ansammeln (Zinsen und Dividenden) werden einmal im Jahr an Sie als Fondsbesitzer ausgeschüttet. Dieses Geld können Sie für Ihren privaten Konsum nutzen oder zusammen mit anderen Zins- und Dividendenerträgen wieder an der Börse reinvestieren.

Offensiver Mischfonds Flossbach von Storch Multiple Opportunities (WKN: A0M430)
Fondsmanager Bert Flossbach von der Vermögensverwaltung Flossbach von Storch (FvS) setzt traditionell stark auf Sachwerte. Das erkennen Sie leicht, wenn Sie einen Blick auf die Depot-Gewichtung dieses Fonds (WKN: A0M430, ISIN: LU0323578657) werfen: 67 Prozent Aktien, 16 Prozent Barreserven, 10 Prozent Edelmetalle und 7 Prozent Anleihen (Stand September 2018). Insgesamt ist die Mischung deutlich offensiver als beim ersten Fonds. Das Anlagemotto lautet: Substanz mit Rendite.

Laut Regelwerk liegt die Aktien-Quote bei mindestens 25 Prozent. Zu den größten Aktien-Positionen im Portfolio gehören erstklassige Value-Werte wie Nestlé, Berkshire Hathaway, Reckitt Benckiser, Novo Nordisk, Alphabet, Novartis und Danaher. Hinzu kommen dividendenstarke Werte wie Daimler, BMW und Philip Morris (Stand September 2018).

Das Ergebnis: Der FvS-Fonds schwankt stärker an der Börse als der defensive Fonds, doch dafür war in den vergangenen Jahren auch die Rendite spürbar höher. In den vergangenen fünf Jahren legte der Fondskurs um 39,24 Prozent zu. Das entspricht einer jährlichen Rendite von 6,84 Prozent.

Die größere Anlagebandbreite verursacht allerdings auch höhere Kosten. Pro Jahr müssen Sie mit Gebühren von bis zu 2 Prozent rechnen. Zumindest den Ausgabeaufschlag können Sie aber auch hier ganz einfach umgehen, indem Sie den Fonds nicht über die Fondsgesellschaft kaufen, sondern über eine Börse.

Die Erträge, die sich im Fonds ansammeln (Zinsen und Dividenden) werden auch bei diesem Fonds einmal im Jahr an Sie als Fondsbesitzer ausgeschüttet. Dieses Geld können Sie ebenfalls für Ihren privaten Konsum nutzen oder zusammen mit anderen Zins- und Dividendenerträgen wieder an der Börse reinvestieren.

Fünf Dividenden-Aktien als Zinsersatz

In diesem Szenario strebt der Anleger drei Ziele an: Wertzuwachs (Kurssteigerungen), regelmäßige Ausschüttungen für den privaten Konsum und einen kleinen Krisenschutz als Absicherung. In »normalen« Zeiten wären Zinspapiere in diesem Depot für die regelmäßigen Ausschüttungen zuständig. Da erstklassige Zinspapiere jedoch aktuell keine spürbaren, positiven Renditen abwerfen, weichen wir hier auf dividendenstarke Aktien aus.

Die Dividende und Dividendenhistorie

Beim Thema »Gewinnen mit Aktien« denken die meisten Börsen-Einsteiger an Kursgewinne. Das Motto lautet: Ich kaufe eine Aktie für 10 Euro und verkaufe sie später für 20 Euro. Die Differenz ist mein Gewinn. Diese Kursgewinne sind in der Tat eine wichtige Säule der Aktienanlage. Es gibt aber noch eine zweite wichtige Säule: die Dividende. Was eine Dividende ist und wie die Dividenden-Rendite berechnet wird, wissen Sie bereits. Jetzt wollen wir Ihnen zeigen, welche (Rendite-)Macht die Dividende besitzt.

Nehmen wir exemplarisch eines der bekanntesten Unternehmen der Welt, Nestlé, unter die Dividenden-Lupe. Die Schweizer sind der weltweit größte Nahrungsmittelkonzern und damit alles andere als ein Geheimtipp. Wenn Sie das Glück hatten, dass Ihre Eltern oder Großeltern auf Aktien gesetzt und Ihnen ein paar Nestlé-Aktien vererbt haben, können Sie sich über ein schönes Zusatzeinkommen freuen. Im Jahr 1959 kostete eine Nestlé-Aktie 1,36 Schweizer Franken. Im April 2018 hat Nestle für das Geschäftsjahr 2017 eine Dividende von 2,35 Franken je Aktie ausgeschüttet. Wer also im Jahr 1959 für 10 000 Franken Nestlé-Aktien gekauft hat, bekam in diesem Jahr eine Ausschüttung von knapp 17 300 Franken. Die Dividendensumme eines einzigen Jahres übertrifft heute deutlich das ursprüngliche Investitionsvolumen – und die Ausschüttung steigt von Jahr zu Jahr. In den vergangenen 22 Jahren hat Nestlé jedes Jahr die Dividende erhöht.

Das Beispiel mit dem Einstiegszeitpunkt 1959 ist ein Extremfall, aber auf Sicht von zehn Jahren sind bei starken Dividendenwerten bis zu zweistellige Renditen möglich. Wer vor zehn Jahren beispielsweise Aktien von Nestlé gekauft hat, kam 2018 auf eine Dividenden-Rendite von 4,7 Prozent. Bei Coca-Cola waren es 5,3 Prozent. Eine vergleichbare Steigerung der Dividendenrenditen dürfen Sie bei allen fünf Aktien erwarten, die wir Ihnen im nächsten Abschnitt vorstellen.

Das Dividenden-Geheimnis ist relativ einfach: Erfolgreiche Unternehmen steigern regelmäßig ihre Dividendenausschüttung. Da der von Ihnen als Anleger einmal gezahlte Kaufkurs (Einstiegskurs) immer gleich bleibt, die Dividende aber regelmäßig steigt, wird auch Ihre persönliche Dividenden-Rendite immer größer. Liegt die Dividenden-Rendite beim Kauf vielleicht noch bei »nur« 2 bis 3 Prozent, werden daraus mit den Jahren 5, 7 und auch über 10 Prozent Rendite pro Jahr. Mit diesen Ausschüttungen können Sie sich private Konsumwünsche erfüllen.

Jetzt stellen wir Ihnen kurz und bündig fünf Unternehmen aus fünf unterschiedlichen Ländern und Branchen vor, die in den vergangenen Jahren mit einer positiven Dividendenpolitik überzeugen konnten. Mit der breiten Mischung wollen wir Länder-, Branchen- und Währungsrisiken durch die Streuung minimieren.

- **Roche Holding** (WKN: 855167; ISIN: CH0012032048); Das Schweizer Pharma-Unternehmen ist weltweit führend in der Krebsforschung. Roche hat in den vergangenen 31 Jahren jedes Jahr die Dividende erhöht.

- **3M** (WKN: 851745; ISIN: US88579Y1010): Der US-amerikanische Mischkonzern stellt über 50 000 unterschiedliche Produkte her und besitzt mehr als 25 000 Patente. Der Dividenden-Champion hat in den vergangenen 60 Jahren stets die Dividende erhöht.

- **Reckitt Benckiser** (WKN: A0M1W6; ISIN: GB00B24CGK77): Hierbei handelt es sich um einen weltweit führenden Hersteller von Reinigungsmitteln und Haushaltswaren aus Großbritannien. Reckitt Benckiser hat in den vergangenen 15 Jahren jedes Jahr die Dividende erhöht.

- **L'Oréal** (WKN: 853888; ISIN: FR0000120321): Das ist der größte Kosmetikhersteller der Welt. Das französische Unternehmen L'Oréal hat in den vergangenen 34 Jahren jedes Jahr die Dividende erhöht.

- **Fuchs Petrolub** (WKN: 579043; ISIN: DE0005790430): Das familiengeführte Unternehmen aus der zweiten deutschen Börsenreihe, dem MDAX, ist der größte unabhängige Schmierstoffhersteller der Welt. Fuchs Petrolub hat in den vergangenen 16 Jahren jedes Jahr die Dividende erhöht.

Fünf Value-Aktien für mehr Rendite

In diesem Buch haben wir Ihnen die Erfolgsbilanz von Warren Buffett mit seiner Beteiligungsgesellschaft Berkshire Hathaway gezeigt. Entscheidend für den Erfolg sind nicht einzelne Top-Jahre, sondern viele relativ gute Jahre und nur sehr wenige Verlustjahre. Unternehmen aus dem Berkshire-Portfolio geraten auch in Konjunkturstürmen erfahrungsgemäß nur selten in schwere Seenot (ganz anders sieht es in unstrukturierten Aktiendepots aus). Das ist auch kein Zufall. Buffett und sein kongenialer Partner Charlie Munger suchen für das Berkshire-Portfolio ganz gezielt Unternehmen aus, die eine Art »Burggraben« besitzen. Das Unternehmen ist stark wie eine mächtige Burg und besitzt zum Schutz einen nahezu unüberwindbaren Burggraben. Die Konkurrenz, die die Burg erobern will, scheitert bereits an diesem Graben. Wie kann ein solcher Graben aussehen? Es gibt – je nach Geschäftsmodell – ganz unterschiedliche Varianten. Einige Beispiele:

- **Die Macht der Marke:** Wenn man an Brauselimonade denkt, denkt man fast automatisch an Coca-Cola. Auf der Berkshire-Hauptversammlung 2012 sagte Buffett über seine Depot-Position Coca-Cola: »Sie können mir 10, 20 oder 30 Milliarden Dollar geben, um Coca-Cola vom Sockel zu stoßen, und ich würde es nicht schaffen.« Eine starke Marke ist isoliert betrachtet jedoch noch kein Value-Kriterium. Ein Burggraben wird daraus erst dann, wenn die Marke einen messbaren Wert bringt. Der Analyst Michael Mauboussin hat das wie folgt formuliert: »Marken an und für sich bedeuten noch keine Vorteile. Marken bringen nur dann einen höheren Wert, wenn sie die Zahlungsbereitschaft der Kunden erhöhen oder die Kosten für das Anbieten von Produkten und Dienstleistungen verringern.«

- **Patente als Burggraben:** Besitzt ein Unternehmen wichtige Patente, die nicht umgangen werden können, ist auch das ein wirksamer Burggraben. Das gilt besonders in Branchen wie Pharma oder Technologie.

- **Der Größenvorteil:** Auch Größe kann – auf ganz unterschiedliche Art und Weise – ein mächtiger Burggraben sein. Große Stückzahlen können oft deutlich günstiger produziert werden als kleine Stückzahlen. In der Werbung kann ein Großkonzern günstige Werbezeiten einkaufen. Und viele Kunden setzen auf Unternehmen, die ihre Dienstleistungen weltweit überall anbieten.

Im Idealfall erfüllt ein Value-Unternehmen gleich mehrere Burggrabenkriterien. Fünf passende Value-Aktien stellen wir Ihnen jetzt vor:

- **Berkshire Hathaway** (WKN: A0YJQ2; ISIN: US0846707026); Die Beteiligungs-Holding der Value-Legenden Warren Buffett und Charlie Munger besitzt mehrere Dutzend Top-Unternehmen, die jeweils einen Burggraben aufweisen. So kombinieren Sie die Burggraben-Strategie mit Risikostreuung.

- **Coca-Cola** (WKN: 850663; ISIN: US1912161007): Der US-amerikanische Getränke-Gigant ist gefühlt schon ewig Marktführer. Ein Erfolgsgeheimnis: Das Unternehmen wandelt sich ständig und nimmt neue Getränke-Trends auf (hochpreisige Wasser-Marken, Kaffee-Getränke, Energy Drinks etc.). Die Marke ist ebenfalls ein starker Burggraben. Seit mehreren Jahrzehnten gehört Berkshire Hathaway zu den Kernaktionären. Ein großer Vertrauensbeweis.

- **Apple** (WKN: 865985; ISIN: US0378331005): Apple ist aktuell die »Lieblingsaktie« von Warren Buffett. Die Gründe: Dank der starken Marke schafft es Apple, seine Produkte sehr hochpreisig zu verkaufen. Außerdem sind Apple-Kunden fast »gezwungen«, mehrere Apple-Produkte zu kaufen, um alle technischen Möglichkeiten optimal nutzen zu können. Die Bindungskraft wirkt als Burggraben sehr stark.

- **Alphabet** (WKN: A14Y6F; ISIN: US02079K3059): Im Bereich der Internet-Suchmaschinen hat Alphabet mit der Google-Suchmaschine einen riesigen Marktanteil erreicht und erzielt mit der passenden Internet-Werbung Milliardengewinne. Diese Gewinne werden in aufstrebende Geschäftsfelder reinvestiert. Wie dominant Alphabet in seinem Kerngeschäft ist, zeigt auch die Tatsache, dass die Suche per Internetsuchmaschine heute als »googeln« bezeichnet wird. Ein mächtiger Burggraben.

- **Washtec** (WKN: 750750; ISIN: DE0007507501): Und als Nummer 5 – wie bei den Dividenden-Werten – ein deutsches Unternehmen aus der zweiten Börsenreihe. Die Washtec AG ist Marktführer bei Autowaschanlagen. Hat sich der Kunde einmal für die Washtec-Anlage entschieden, ist er im System faktisch gefangen und kauft dort regelmäßig die Waschmittel, Bürsten und andere Verbrauchsgüter. Jeder Neukunde bringt also fast automatisch über Jahre oder Jahrzehnte ein üppiges Folgegeschäft.

Gold als Krisenschutz

Ging es bei den Aktien-Empfehlungen um laufende Einnahmen (Dividenden) und Kursgewinne, haben viele Ruheständler auch das Bedürfnis, im absoluten Notfall noch einen Notgroschen zu besitzen, um nicht wieder auf null zurückzufallen. Hier hilft Gold als Basisabsicherung (bei Interesse Silber beimischen). Wir empfehlen eine Depot-Gewichtung von maximal 10 Prozent. Bei einer Anlagesumme von 50 000 Euro wären das 5000 Euro (siehe hierzu auch Kapitel 10).

Die Gründe, die für Gold sprechen:

- Gold wird seit mehreren 1000 Jahren als Krisenschutz eingesetzt.

- Da Gold als Krisenschutz eine lange Tradition hat, wird man fast überall auf der Welt Käufer und Verkäufer dafür finden.

- Gold ist begrenzt und nicht beliebig zu vermehren (anders als Papierwährungen).

Da sich bekannte Waren im Krisenfall leichter verkaufen lassen, empfehlen wir Ihnen, die bekanntesten Goldmünzen der Welt zu kaufen. Die weltweit bekannteste und weitverbreitetste Goldmünze ist der Krügerrand aus Südafrika mit einem Feingewicht von 1 Unze. An zweiter Stelle folgt der Maple Leaf aus Kanada (ebenfalls 1 Unze).

Falls Ihnen die Aufbewahrung von Goldmünzen im heimischen Tresor als zu riskant erscheint oder Sie gar keinen Tresor haben, können Sie alternativ den hier im Buch vorgestellten Gold-ETC »Euwax Gold II« (WKN: EWG2LD) kaufen.

Noch ein Hinweis, da wir zum Thema »Gold als Absicherung« immer wieder diese Frage aus der Leserschaft erhalten haben:

Reicht ein Depot-Anteil von 10 Prozent als Absicherung? Aus unserer Sicht ist das der Fall, da zum einen in einer extremen Währungs- und Schuldenkrise der Goldpreis voraussichtlich nach der ersten Schockphase sehr stark ansteigen würde und damit andere Verluste ausgleicht. Zum anderen erwarten wir keine Krise über Nacht. Krisenherde wie Griechenland haben gezeigt, dass sich Schulden- und Währungskrisen über Monate oder sogar Jahre hochschaukeln. Wenn die Krise schrittweise eskaliert, können Sie den Goldanteil immer noch aufstocken. Zu früh ergibt das keinen Sinn, weil es dann »totes« Kapital ist, das weder Zinsen noch Dividenden abwirft. Tabelle 11.6 zeigt alle vorgestellten Empfehlungen im Überblick.

Name	**Anlage-art**	**WKN**	**Kurzkommentar**	**Depot-Anteil**
FOS Rendite und Nachhaltigkeit	Mischfonds	DWS0XF	Defensiver Mischfonds mit Schwerpunkt Anleihen	12 500 €
FvS Multiple Opportunities	Mischfonds	A0M430	Offensiver Mischfonds mit Schwerpunkt Aktien	12 500 €
Roche Holding	Aktie	855167	Dividenden-Aktie	2000 €
3M	Aktie	851745	Dividenden-Aktie	2000 €
Reckitt Benckiser	Aktie	A0M1W6	Dividenden-Aktie	2000 €
L'Oréal	Aktie	853888	Dividenden-Aktie	2000 €
Fuchs Petrolub	Aktie	579043	Dividenden-Aktie	2000 €
Berkshire Hathaway	Aktie	A0YJQ2	Burggraben-Aktie	2000 €
Coca-Cola	Aktie	850663	Burggraben-Aktie	2000 €
Apple	Aktie	865985	Burggraben-Aktie	2000 €
Alphabet	Aktie	A14Y6F	Burggraben-Aktie	2000 €
Washtec	Aktie	750750	Burggraben-Aktie	2000 €
Krügerrand	Goldmünze 1 Unze	Physischer Kauf	Krisenschutz	5000 €
Gesamtsumme				**50 000 €**

Tabelle 11.6: Anlageempfehlungen für Szenario 3

Kapitel 12
Steuern sparen: So sorgen Sie für eine möglichst geringe Steuerbelastung

Bei praktisch allen Einkünften hält Vater Staat die Hand auf. Das ist bei Kapitaleinkünften, also Gewinnen aus der Geldanlage, nicht anders. Die darauf entfallende Steuer heißt offiziell »Kapitalertragssteuer« und landläufig »Abgeltungssteuer«. Investmentfonds werden teilweise auf der Ebene der Fondsgesellschaft besteuert. Bei ausländischen Aktien kann es Ihnen außerdem passieren, dass eine Quellensteuer von 15 bis 35 Prozent einbehalten wird. Es liegt auf der Hand: Wer nicht selbst dafür sorgt, die Steuerbelastung mit ganz legalen Mitteln zu verringern, der bereichert mit seiner Geldanlage die Kasse des Finanzministers, guckt aber selbst teilweise in die Röhre. Deshalb sollten Sie die folgenden Steuertipps beherzigen.

Ein Freistellungsauftrag hilft Steuern sparen

Auch Steuerpflichtige müssen nicht gleich jeden Gewinn versteuern, den sie mit ihrer Geldanlage machen. Der Gesetzgeber erlaubt pro Jahr Kapitaleinkünfte von 801 Euro pro Person, beziehungsweise 1602 Euro bei zusammen veranlagten Ehepaaren, die Sie steuerfrei einnehmen können. Allerdings wird die Bank diesen sogenannten Sparerpauschbetrag nicht automatisch und von selbst berücksichtigen. Vielmehr ist sie gesetzlich verpflichtet, gleich vom ersten Euro Gewinn an Kapitalertragssteuer ans Finanzamt abzuführen.

Kapitalertragssteuer – was ist das?

Die Kapitalertragssteuer ist eine spezielle Steuer, die auf Gewinne aus Geldanlagen anfällt. In der aktuellen Form (Stand: September 2018) nennt sich die Kapitalertragssteuer auch Abgeltungssteuer. Der Staat bekommt pauschal 25 Prozent der erzielten Gewinne direkt von der Bank – die Steuerschuld ist damit abgegolten, daher der Name. Gewinne gelten dann als erzielt,

- wenn Sie Wertpapiere mit Gewinn verkauft haben (wenn also der Kaufkurs mitsamt Transaktionskosten niedriger war als der Verkaufskurs) oder
- wenn Sie Ausschüttungen erhalten haben (etwa Zinsen und Dividenden).

Allerdings bleibt es nicht bei besagten 25 Prozent. Hinzu kommt der Solidaritätszuschlag von 5,5 Prozent der Steuersumme. Unterm Strich gehen auf diese Weise also nochmals 1,375 Prozent an den Staat verloren. Bei Kirchenmitgliedern werden zudem noch 9 Prozent der Steuersumme an Kirchensteuer abgeführt, in Baden-Württemberg und Bayern sind es 8 Prozent, sodass die Steuerbelastung unterm Strich um zusätzliche 2 oder gar 2,25 Prozent anwächst. Das heißt: Inklusive Soli und gegebenenfalls Kirchensteuer zwackt sich der Staat zwischen 26,375 und 28,625 Prozent von Ihren Gewinnen ab.

In der Diskussion ist aber derzeit eine Abschaffung der Abgeltungssteuer und eine Besteuerung von Gewinnen aus der Geldanlage mit dem persönlichen Einkommensteuersatz. Hier liegt der Steuersatz dann – je nach dem zu versteuernden Gesamteinkommen – bei 14 bis 45 Prozent.

Doch gleichgültig, welches Steuersystem herrscht – es gibt immer einen bestimmten Sockelbetrag von Kapitaleinkünften, also Gewinnen, aus der Geldanlage, der steuerfrei bleibt. Dieser Sockelbetrag nennt sich Sparerfreibetrag oder – unter dem System der Abgeltungssteuer – Sparerpauschbetrag. Derzeit sind das 801 Euro (beziehungsweise 1602 Euro bei zusammen zur Steuer veranlagten Ehepaaren).

Dass Sie schon auf den Sparerfrei- beziehungsweise Sparerpauschbetrag Steuern zahlen müssen, lässt sich verhindern: Entweder – und das ist die kompliziertere Methode – Sie reichen zu Ihrer Einkommenssteuererklärung jeweils die Anlage KAP ein. Darin tragen Sie ein, welche Gewinne Sie erzielt haben und wie viel Kapitalertragssteuer die Bank darauf schon abgeführt hat. Alle dazu nötigen Angaben finden Sie in der Jahressteuerbescheinigung Ihrer Depotbank (diese können Sie dort anfordern, wenn Sie sie nicht automatisch erhalten).

Weitaus leichter haben Sie es allerdings mit einem Freistellungsauftrag – oder mit mehreren, falls Sie mehrere Banken haben (zum Beispiel Hausbank und Depotbank). Hier können Sie den Sparerpauschbetrag auf die verschiedenen Institute aufteilen. Der jeweils freigestellte Betrag wird dann von der Bank berücksichtigt: Auf Gewinne, die nicht darüber hinausgehen, führt das Geldinstitut auch keine Abgeltungssteuer ans Finanzamt ab.

Das Formular für einen Freistellungsauftrag erhalten Sie bei der Depot- oder sonstigen Bank. Sie können ihn jederzeit widerrufen oder die jeweils freigestellten Beträge ändern, wenn Sie das möchten. Lediglich darauf, dass diese in Summe den Sparerpauschbetrag nicht überschreiten dürfen, sollten Sie achten. Am höchsten sollte die Summe dort sein, wo mutmaßlich auch die höchsten Gewinne anfallen.

Fondsbesteuerung: Ein bisschen Schwund ist immer

Seit Anfang 2018 gibt es neue steuerliche Regeln für Investmentfonds, mit denen es keine Rolle mehr spielt, ob Sie einen in Deutschland aufgelegten Fonds kaufen oder einen ausländischen. Wurden vorher die Fonds- und ETF-Gewinne ausschließlich beim Anleger versteuert, geschieht das jetzt teilweise schon auf Fondsebene. Im Gegenzug werden die Gewinne, die Sie als Inhaber der Fondsanteile erzielen, teilweise von der Abgeltungssteuer freigestellt. Das allerdings nutzt Ihnen nur etwas, wenn Ihr Sparerpauschbetrag schon ausgeschöpft ist. Wir ersparen Ihnen die Details, die – wie könnte es bei Steuergesetzen auch anders sein? – recht kompliziert sind. Immerhin fällt die Pflicht weg, die vor 2018 viele Inhaber thesaurierender ausländischer Fonds gründlich ärgerte (also ausländischer Fonds, die die Gewinne sofort wieder anlegen): das Ausfüllen der Anlage KAP. Einen Steuerspartipp zur Vermeidung der Fondsbesteuerung gibt es nicht. Wer Fonds oder ETFs kauft, ist auf jeden Fall davon betroffen. Sehr groß ist die Mehrbelastung allerdings zum Glück nicht. Die Besteuerung ist definitiv kein Grund, bei der Geldanlage auf Fonds oder ETFs zu verzichten.

Ausländische Quellensteuer: Anrechnung und Erstattung sind meist möglich

Bei ausländischen Aktien zahlen Sie womöglich trotz Freistellungsauftrag Steuern. Schuld daran ist die sogenannte Quellensteuer, die in vielen Ländern automatisch von Ihrer Dividende oder Ihrem Verkaufsgewinn abgezwackt wird. Das geschieht direkt an der Quelle, sprich in dem Land, in dem die jeweilige Aktiengesellschaft ihren Sitz hat – daher die Bezeichnung »Quellensteuer«. Die Höhe dieser Quellensteuer ist von Land zu Land unterschiedlich. Üblich sind 15 bis 35 Prozent (siehe Tabelle 12.1). Kein Abzug erfolgt erfreulicherweise bei britischen Aktien.

Land	Höhe der Quellensteuer	Erstattung aus dem betreffenden Land (auf Antrag)
Belgien	25 %	10 %
Frankreich	30 %	15 % (ist aber sehr komplex)
Kanada	25 %	10 %
Niederlande	15 %	0 %
Österreich	25 %	10 %
Schweiz	35 %	20 %
USA	15 % bei Depotbanken mit Status »Qualified Intermediary«	Keine Erstattung möglich

Tabelle 12.1: Höhe ausländischer Quellensteuer in ausgewählten Ländern

In Deutschland ist Anrechnung auf Kapitalertragssteuer möglich

Ausländische Quellensteuern können Sie sich mit bis zu 15 Prozent auf die anfallende Kapitalertragssteuer (Abgeltungssteuer) anrechnen lassen. Statt 25 Prozent wird entsprechend lediglich ein Steuersatz von 10 Prozent erhoben. Nicht berücksichtigt wird dabei allerdings, ob Ihre Kapitaleinkünfte theoretisch noch unterhalb des Sparerpauschbetrags wären. Steuern zahlen Sie also bei ausländischen Aktien mit Quellensteuerabzug auf jeden Fall. Für die Steueranrechnung nötig ist die Dividendenabrechnung beziehungsweise Steuerbescheinigung, die

Sie von Ihrer Depotbank erhalten. Wenn Sie insgesamt genau 15 Prozent Quellensteuer gezahlt haben (etwa bei niederländischen, japanischen, dänischen und meist auch bei US-amerikanischen Aktien), dann brauchen Sie nichts zu tun. Die Depotbank nimmt die Verrechnung mit der deutschen Steuerschuld automatisch vor. Anders sieht es aus in Ländern, die höhere Quellensteuern erheben: Da müssen Sie aktiv eine Steuererstattung beantragen.

So beantragen Sie Erstattung der Quellensteuer

Was an Quellensteuer über 15 Prozent hinausgeht, können Sie sich direkt aus dem betreffenden Land erstatten lassen. Die Formulare finden Sie auf der Internetseite des Bundeszentralamts für Steuern. Sie können aber auch bei Ihrer Depotbank nachfragen: Viele geben wertvolle Hilfestellungen zum Ausfüllen des Erstattungsantrags. Ein Erstattungsantrag ist immer nur rückwirkend möglich. Wie viel Zeit Sie haben, erfragen Sie am besten ebenfalls bei der Depotbank. Für jedes Kalenderjahr muss ein eigener Erstattungsantrag gestellt werden.

Erstattungsanträge: Im Internet werden Sie fündig

Hier finden Sie Informationen und Links zu den Erstattungsverfahren und -anträgen der einzelnen Länder:

- www.steuerliches-info-center.de
- Aufgaben des BZSt
- Ausländische Formulare

- Quellensteuer
- Antragsformulare beziehungsweise Anschriften der ausländischen Behörden

Allerdings stellt sich die Frage, ob sich ein Erstattungsantrag überhaupt lohnt. Denn oftmals geht es nur um wenige Euro pro Jahr – sich dafür stundenlang mit ausländischen Formularen herumzuquälen ist nicht gerade ein Vergnügen. Unkompliziert ist der Antrag in Österreich und der Schweiz. Sie können die Erstattungsformulare problemlos selbst ausfüllen. Die notwendigen Unterlagen, die Sie gegebenenfalls zusätzlich einreichen müssen, erhalten Sie von Ihrer Depotbank. Fragen Sie außerdem nach einer Anleitung – meist bieten die Broker ihren Kunden eine Ausfüllhilfe, die die Arbeit erleichtert. Der von der Schweiz verlangte Tax Voucher (Steuer-Gutschein) ist allerdings leider nicht bei jeder Depotbank kostenfrei.

Wenig erfreulich und noch weniger lohnend ist der Erstattungsantrag in Frankreich. Dort werden so viele teilweise kostenpflichtige Bescheinigungen von Depotbank und Clearing-Stelle verlangt, dass Sie den Antrag besser von vornherein gar nicht stellen.

Praxis-Tipp: Viele Depotbanken bieten den Service der Antragsstellung gegen eine Gebühr an. Fragen Sie, was das kostet, und schauen Sie sich an, welche Erstattung Ihnen dafür winkt. Womöglich können Sie diese lästige Pflicht ja delegieren – oder Sie wissen ansonsten immerhin, dass sich ein Erstattungsantrag ohnehin nicht lohnt.

Sonderfall USA: In der Regel werden nur 15 Prozent fällig

Bei Aktien aus den Vereinigten Staaten von Amerika profitieren Sie in aller Regel von einer automatische Quellensteuer-Ermäßigung. 15 statt 30 Prozent zahlen Sie, wenn Ihre Depotbank bei den Steuerbehörden der USA als »Qualified Intermediary« (übersetzt etwa: »Berechtigter Vermittler«) eingetragen ist. Die üblichen Broker wie Comdirect, Consorsbank, DKB, ING-Diba, Maxblue, Onvista-Bank, S-Broker und Flatex erfüllen diese Voraussetzung. Bei US-Aktien brauchen Sie in aller Regel nichts zu unternehmen. Für die Anrechnung der Quellensteuer auf die deutsche Abgeltungssteuer sorgt die Depotbank automatisch.

Kapitel 13

Zum Abschluss: Zehn Spartipps für mehr Rendite

Jetzt wissen Sie, wie Sie Ihre Geldanlage zusammenbauen: Aus Tagesgeld, Mischfonds und Aktien, Fonds beziehungsweise ETFs und eventuell auch aus einer kleineren Beimischung von Edelmetallen. Dabei sollten Sie die großen Renditefresser vermeiden, von denen es vor allem drei gibt: Bank- beziehungsweise Börsengebühren, Steuern und Panikverkäufe. Die folgenden Tipps helfen Ihnen dabei, die Kosten zu minimieren – und das heißt automatisch, Ihre Rendite zu maximieren.

Tipp 1: Schichten Sie nicht andauernd um

Eine alte Börsenweisheit heißt: »Hin und her macht Taschen leer.« Das kommt nicht von ungefähr: Bei jedem Wertpapierkauf und -verkauf müssen Sie Transaktionsgebühren bezahlen, die teilweise die ausführende Börse erhält und teilweise die Depotbank. Deshalb sollten Sie sich nicht andauernd umentscheiden, in welche Wertpapiere Sie Ihr Geld investieren. Nur, wenn es wirklich gravierende Gründe gibt, sollten Sie bereits gekaufte Aktien, Fonds- oder ETF-Anteile verkaufen und in andere Aktien beziehungsweise in einen anderen Fonds oder ETF stecken. Ansonsten verfahren Sie besser so: Ändern Sie bei einem Sparplan einfach das Wertpapier, in das die künftigen Raten investiert werden sollen. Aber verkaufen Sie die bereits gekauften nicht, sondern lassen Sie diese unangetastet in Ihrem Depot. Auf diese Weise schmälern die Transaktionskosten Ihren Anlageerfolg nicht mehr als unbedingt nötig.

Tipp 2: Gewöhnen Sie sich bei Börsen-Investments eine gewisse Kaltblütigkeit an

Der typische Deutsche hat in der Vergangenheit sein Geld stets dann zur Börse getragen, wenn die Kurse gerade hoch waren und sogar die *Bild*-Zeitung von Aktien-Investments schwärmte. Kaum kam es zu einer Flaute oder gar einem Crash, dann verkaufte er in Panik auf einen Schlag seine Wertpapiere – natürlich mit herben Verlusten. So schwer es Ihnen auch fallen mag: Genau das sollten Sie vermeiden. Krisen und Crashs an den Börsen kommen und gehen. Die Devise heißt: aussitzen!

Wenn Sie auf Langfristigkeit setzen, dann sollten Sie auch in Baisse-Zeiten investiert bleiben und gerade nicht verkaufen, wenn alle das tun. Entscheidend ist, ob es für die Kursverluste einen wirklichen Grund außerhalb der allgemeinen Stimmungslage an der Börse gibt. Ist das Geschäftsmodell einer Aktiengesellschaft wirklich nicht mehr gewinnträchtig? Ist vielleicht die ganze Branche im Rückgang begriffen wie etwa bei Banken, die zunehmend von innovativen FinTechs verdrängt werden? Haben sich die Risiken erhöht? Haben sich die Aussichten nachhaltig eingetrübt? Das alles wären vernünftige Gründe, die den Verkauf bestimmter Aktien rechtfertigen. Sich dagegen in Panik von den eigenen Aktien, Fonds und ETFs zu trennen, führt garantiert zu Verlusten. Lassen Sie sich daher von der Kurzsichtigkeit anderer Anleger nicht anstecken!

Sie wissen ja inzwischen: Während einer Baisse-Phase lassen sich attraktive Aktien und Fonds günstig erwerben – auch wenn Sie den absoluten Tiefpunkt meist nicht erwischen. Auch mit einem Sparplan sorgen Sie für durchschnittlich günstige Einstiegskurse (Cost Average Effect) – und mittel- bis langfristig geht es aufwärts.

Tipp 3: Tätigen Sie Fondskäufe möglichst über eine Börse

ETFs können Sie in der Regel nur über eine Wertpapierbörse kaufen. Bei aktiv gemanagten Fonds dagegen finden Sie in Ihrer Ordermaske als Handelsplatz meistens die Voreinstellung »KAG« (Kapitalanlagegesellschaft = Fondsgesellschaft). Wenn Sie an dieser Voreinstellung nichts ändern, dann bestellt die Depotbank Ihre Fondsanteile bei der Fondsgesellschaft, und die erhebt dann für den Fondskauf den sogenannten Ausgabeaufschlag als Kaufgebühr. Dieser Ausgabeaufschlag kann bei aktiv gemanagten Aktienfonds bis zu 5 Prozent der investierten Summe ausmachen, manchmal sogar 5,5 Prozent, von 100 Euro also gleich mal 5,00 oder 5,50 Euro. Das muss nicht sein: Wenn möglich, kaufen Sie den gewünschten Fonds stets an einer Börse (zum Beispiel Frankfurt, München, Stuttgart, Düsseldorf, Hamburg, Berlin oder die Privatanlegerbörse Tradegate). Bei Einmalkäufen (empfehlenswert ab einer Investitionssumme von 1000 Euro) haben Sie in aller Regel diese Möglichkeit. Bei Sparplänen besteht diese Option aber nicht, außer bei ETF-Sparplänen. Deshalb gilt beim Fondskauf via Sparplan der Tipp Nummer 4.

Tipp 4: Suchen Sie Sonderangebote zu aktiv gemanagten Fonds

Die Konkurrenz der verschiedenen Depotbanken untereinander hat für Sie als Anleger erfreuliche Folgen: Es gibt immer wieder Sonderangebote. Manche zielen darauf ab, Sie zu besonders häufigen »Trades«, also Wertpapierkäufen und -verkäufen, zu bewegen. Davon lassen Sie besser die Finger, denn Sie wissen ja: »Hin und her macht Taschen leer.« Attraktiv sind aber die Sonderangebote im Bereich der Fondssparpläne. Denn so manche Depotbank bietet bei beliebten aktiv gemanagten Fonds einen Rabatt auf den Ausgabeaufschlag. Manchmal beträgt dieser 100 Prozent, meistens aber eher 50 Prozent. Da Sie bei Sparplänen auf aktiv gemanagte Fonds anders als bei Einmalkäufen nicht die Möglichkeit haben, Ihre Anteile ohne Ausgabeaufschlag an der Börse zu kaufen, sind solche Rabattaktionen willkommen. Dafür lohnt es sich sogar, extra zur Anlage eines Fondssparplans ein weiteres Depot zu eröffnen, wenn nicht ohnehin Ihre eigene Depotbank den Rabatt auf den gewünschten Fonds anbietet.

Wie gehen Sie nun vor? Am besten geben Sie den Fondsnamen mit dem Zusatz »Sparplan« und »Rabatt« in Google ein. Nun können Sie in den Suchergebnissen filtern, wo dieser Fonds mit einem Rabatt auf den Ausgabeaufschlag erhältlich ist und wie hoch dieser Rabatt ausfällt. Übrigens sind es oft nicht nur klassische Depotbanken, die solche Rabatte anbieten, sondern auch spezialisierte Fondsvermittler wie zum Beispiel:

- www.fondsdiscount.de
- www.avl-investmentfonds.de
- www.fondsclever.de
- www.fondsvermittlung24.de

Fondsvermittler sind spezielle Online-Unternehmen, die mit diversen Fondsgesellschaften und Depotbanken Vereinbarungen über Nachlässe bei Transaktionskosten und Fondsgebühren getroffen haben. Es kann sich lohnen, ein extra Depot nur für Ihre Fondssparpläne über den Umweg eines Fondsvermittlers zu eröffnen. Geführt wird dieses Depot dann gleichwohl bei einer ganz normalen Depotbank.

Tipp 5: Wählen Sie den günstigsten Handelsplatz

Wenn Sie eine Wertpapierorder aufgeben, dann haben Sie die Wahl zwischen verschiedenen Handelsplätzen. Die meisten davon sind Börsen. Daneben steht auch der Direkthandel zur Verfügung, der oft auch Sekundenhandel genannt wird oder nach der Bank, die ihn meistens ausführt, »Lang & Schwarz« heißt.

In aller Regel liegen Sie mit der Auswahl einer Börse richtig – auch deshalb, weil es hier eine öffentlich-rechtliche Handelsüberwachungsstelle gibt, bei der Sie sich beschweren beziehungsweise die Sie bei einer nicht nachvollziehbaren Preisstellung einschalten können. Die Frage ist nur: Welche Börse sollten Sie auswählen?

- Bei ETFs und deutschen Standardwerten aus dem DAX empfehlen wir die elektronische Börse Xetra.

- Bei **Nebenwerten** und **aktiv gemanagten Fonds** liegen Sie mit einer der Parkettbörsen richtig (Frankfurt, München, Stuttgart, Hamburg, Berlin, Düsseldorf). Eine Alternative ist die Privatanlegerbörse Tradegate, die von der Deutschen Börse AG betrieben wird. Suchen Sie sich hier am besten die liquideste Börse aus, also die Börse, die beim betreffenden Wert die höchsten Umsätze hat. Denn dort bekommen Sie meistens die günstigste Preisstellung (wie Sie die liquideste Börse finden: siehe Kasten).

- Bei **Auslandswerten,** zu denen einige unserer Empfehlungen gehören, können Sie in der Regel die Orderaufgabe an der meist teureren Auslandsbörse (Heimatbörse der jeweiligen Auslandsaktie) vermeiden. Bei den meisten Standardwerten etwa aus der Schweiz, aus den Niederlanden oder den USA fahren Sie mit Xetra oder Frankfurt am günstigsten. Denn darüber wird das Gros des Standardwerte-Handels in

Deutschland abgewickelt. Bei weniger bekannten und gehandelten Auslandsaktien versuchen Sie es über die Börsen Berlin, München oder Stuttgart, wenn diese Werte an diesen Börsen in der Vergangenheit rege gehandelt wurden.

So finden Sie die liquideste Börse

Gehen Sie auf ein Börsenportal wie www.finanzen.net, www.onvista.de oder www.boerse.de. Sie können häufig auch einfach die Kursinformationen Ihrer Depotbank online abrufen. Geben Sie Name, WKN oder ISIN der Aktie, des Fonds oder des ETFs ein, die beziehungsweise den Sie kaufen möchten. Klicken Sie dann auf »Handelsplätze« oder »Times & Sales« (»T&S«). Sie erhalten eine Auflistung der verschiedenen Börsen. Hier sehen Sie, welche Stückzahlen jüngst beim betreffenden Wertpapier gehandelt wurden. Sie werden feststellen: Meistens stellt die liquideste Börse, also diejenige mit den höchsten Stückzahlen, auch die besten Preise. Die betreffende Börse wählen Sie dann als Handelsplatz aus.

Tipp 6: Tätigen Sie Einmal-Käufe zur richtigen Tageszeit

Auch wenn viele Börsen ihre Handelszeiten auf 8 bis 20 Uhr (die Börsen Stuttgart und Tradegate sogar bis 22 Uhr) ausgeweitet haben, empfiehlt sich eine zu frühe oder zu späte Orderaufgabe nicht. Welche Tageszeit Ihnen die besten Börsenkurse bringt, hängt vom Wertpapier ab.

Deutsche Standard- und größere Nebenwerte (also Aktien aus dem DAX, MDAX und SDAX) sollten Sie dann handeln, wenn auch die größten Stückzahlen an den Börsen ihren Besitzer wechseln. Das ist zur Kernhandelszeit der elektronischen Börse Xetra zwischen 9:00 Uhr morgens und 17:30 Uhr abends der Fall. Außerhalb dieser Handelszeiten wissen die Börsenmakler oft nicht so recht, wie sich der Preis des jeweiligen Wertpapiers in absehbarer Zeit entwickeln wird. Deshalb kalkulieren sie in ihre Preisstellung einen Sicherheitspuffer ein, sprich: Sie erweitern den Spread, also den Unterschied zwischen Geld- und Briefkurs. Für Sie heißt das: Der Briefkurs, sprich der Preis, zu dem Sie ein Wertpapier kaufen können, erhöht sich dann; der Geldkurs, sprich der Preis, zu dem Sie ein Wertpapier loswerden, wird gesenkt. Wenn also die Referenzbörse Xetra geschlossen ist, bekommen Sie die schlechteren Kurse. Das gilt übrigens auch bei ETFs auf deutsche Aktienindizes.

Bei **US-Aktien** und **ETFs auf US-Indizes** ist die Referenzbörse die größte und wichtigste Wertpapierbörse in den USA. Sie heißt New York Stock Exchange, abgekürzt NYSE. Die Öffnungszeiten der NYSE sollten Sie im Auge haben, auch wenn Sie US-Aktien problemlos und weitaus günstiger an einer deutschen Börse ordern können. Von 9:30 bis 16:00 Uhr Eastern Standard Time, also 15:30 bis 22:00 Uhr Mitteleuropäischer Zeit ist die NYSE geöffnet. Wenn Sie Fonds oder ETFs mit US-Werten kaufen, dann tun Sie das idealerweise innerhalb dieses Zeitraums. Folglich erhalten Sie eine sehr marktnahe und damit günstige Kursstellung. Außerhalb der NYSE-Öffnungszeiten dagegen fehlt den hiesigen Börsen beziehungsweise Börsenmaklern die Orientierung, wohin sich die Kurse der US-Aktien und -Indizes entwickeln.

Den Kaufzeitpunkt können Sie natürlich nur dann auf die Stunde genau bestimmen, wenn Sie nicht via Sparplan, sondern via Einmal-Order investieren.

Tipp 7: Schöpfen Sie den Sparerpauschbetrag voll aus

Aus Kapitel 12 wissen Sie: Gewinne bis zu 801 Euro (beziehungsweise 1602 Euro bei zusammen veranlagten Ehepaaren) können Jahr für Jahr steuerfrei erzielt werden. Es gibt zwei Möglichkeiten, diesen Sparerpauschbetrag auch wirklich für sich zu nutzen:

- **Freistellungsauftrag:** Sie erteilen Ihrer Bank einen Freistellungsauftrag – oder auch mehrere, wenn Sie mehrere Banken haben. Die Gesamtsumme der freigestellten Beträge darf nicht über dem Sparerpauschbetrag liegen. Versuchen Sie die Aufteilung so vorzunehmen, dass der Sparerpauschbetrag möglichst voll ausgeschöpft wird. Das heißt: Wo (voraussichtlich) nur geringe Gewinne anfallen, sollte der freigestellte Betrag auch entsprechend klein sein. Wo dagegen das Gros der Gewinne anfällt, dort sollte der freigestellte Betrag entsprechend hoch sein. Ziel der Aufteilung: Bei der einen Bank sollten nicht Gewinne über dem freigestellten Betrag anfallen, auf die die Bank Abgeltungssteuer abführen muss, während zugleich der freigestellte Betrag bei der anderen Bank noch gar nicht ausgeschöpft ist und daher nicht vollständig genutzt wird.

- **Anlage KAP zur Steuererklärung:** Sie können die Besteuerung aber auch vermeiden, falls Sie Ihrer Bank oder Ihren Banken keinen Freistellungsauftrag erteilt haben. Oder falls Sie bei der einen Bank den freigestellten Betrag noch gar nicht voll ausgeschöpft haben und bei der anderen auf überschießende Gewinne bereits Abgeltungssteuer gezahlt haben. Dafür nötig ist die Anlage KAP, die Sie zusammen mit Ihrer Einkommenssteuererklärung einreichen. Die Abkürzung steht für »Einkünfte aus Kapitalerträgen«. Als Ausfüllhilfe dient Ihnen die Jahressteuerbescheinigung, die Sie bei Ihrer Depotbank anfordern können. Darin ist vermerkt, welche Erträge Sie erzielt haben und in welche Zeile der Anlage KAP Sie diese jeweils eintragen müssen. Ihr Vorteil: Das Finanzamt berücksichtigt den Sparerpauschbetrag und erstattet Ihnen die zu viel gezahlten Steuern (beziehungsweise zieht diese von Ihrer sonstigen Einkommenssteuerschuld ab).

Tipp 8: Nutzen Sie, wann immer möglich, eine Nichtveranlagungs-Bescheinigung

Sie sind selbst nicht steuerpflichtig, beispielsweise als Student oder Rentner mit geringen Einkünften? Oder Sie legen in einem Junior-Depot Geld an für nicht steuerpflichtige, minderjährige Kinder oder Enkel? Dann gibt es noch eine bessere Möglichkeit, die Besteuerung gänzlich zu umgehen: die sogenannte Nichtveranlagungs-Bescheinigung (NV-Bescheinigung), die Sie beim zuständigen Finanzamt beantragen können. Wenn Sie selbst oder die Kinder, für die Sie Geld anlegen, unter dem Grundfreibetrag, also dem steuerfreien Existenzminimum, liegen, müssen sie auch keine Kapitalertragssteuer (Abgeltungssteuer) an den Fiskus entrichten. Der Grundfreibetrag liegt 2018 bei 9000 Euro im Jahr, 2019 bei 9168 Euro und 2020 bei voraussichtlich 9408 Euro. Dazu zählen Sie den ebenfalls steuerfreien Sparerpauschbetrag von 801 Euro pro Person und erhalten für 2018 also die Einkommensgrenze von 9801 Euro, für 2019 die Grenze von 9969 Euro und für 2020 von voraussichtlich 10 209 Euro. Als Rentner können Ihre wahren Einkünfte sogar höher sein, weil die Rente nur teilweise zum steuerpflichtigen Einkommen zählt. Wenn Sie bisher nicht steuerpflichtig waren, sollten Sie auf jeden Fall versuchen, eine NV-Bescheinigung vom Finanzamt zu erhalten. Diese NV-Bescheinigung legen Sie dann der Depotbank vor – und auch der Bank, bei der Sie Ihr Tagesgeldkonto unterhalten. Diese führt dann keinerlei Abgeltungssteuern auf angefallene Gewinne und Zinsen ab, auch dann nicht, wenn diese über dem Sparerpauschbetrag liegen.

So beantragen Sie die NV-Bescheinigung

- Gehen Sie im Internet auf die Seite www.formulare-bfinv.de.
- Klicken Sie auf »Steuern«, dann auf »Nichtveranlagungs-Bescheinigung«.
- Gleich das oberste Formular »Nichtveranlagungs-Bescheinigung für natürliche Personen NV A1« ist das richtige. Unterschreiben müssen Sie es selbst, beziehungsweise bei minderjährigen Kindern unterschreiben die Erziehungsberechtigten.
- Zudem müssen Sie bei Junior-Depots nachweisen, dass die Kinder über das betreffende Depot und Konto auch verfügen können. Dazu erhalten Sie von der Bank eine entsprechende Bescheinigung, die Sie Ihrem Antrag beilegen.

Eine einmal beantrage NV-Bescheinigung gilt drei Jahre lang. Falls jedoch Ihr steuerpflichtiges Einkommen oder das des betreffenden Kindes über die Summe von Grundfreibetrag und Sparerpauschbetrag hinaus ansteigen sollte, müssen Sie das dem Finanzamt melden. Denn dann sind Sie steuerpflichtig, und die NV-Bescheinigung gilt nicht länger.

Wichtig bei der Geldanlage für Minderjährige:

- Ein Geldgeschenk können Sie eigenen Kinder bis zum Schenkungssteuer-Freibetrag von 400 000 Euro machen. Bei Enkeln liegt der Freibetrag bei 200 000 Euro. Wollen Sie dagegen Neffen und Nichten bedenken, dann beläuft sich der Freibetrag auf nur 20 000 Euro. Dieser Freibetrag gilt für zehn Jahre und gilt auch für ein verschenktes Depot. Danach kann er aufs Neue beansprucht werden.

- Verfügen Sie nicht über das Junior-Depot, das Sie eventuell für den Nachwuchs oder sonstige Verwandte angelegt haben, als wäre es Ihr eigenes Geld. Denn das wäre steuerschädlich. Es muss gewährleistet sein, dass die Geldanlage wirklich dem Kind und nur dem Kind zugutekommt. Ein Scheindepot für Kinder oder Enkel anzulegen, um Steuern zu sparen, das funktioniert nicht.

Tipp 9: Füllen Sie mit Ausschüttungen Ihre Notreserve auf – und was Sie dafür nicht brauchen, investieren Sie wieder

Sobald Aktien und Fonds in Ihrem Depot liegen, erhalten Sie üblicherweise auch Ausschüttungen. Bei Aktien sind das die bereits mehrfach angesprochenen Dividenden. Bei Investmentfonds und ETFs sind es die Zinsen und Dividenden, die auf das Fondsvermögen gezahlt werden. Es gibt allerdings zweierlei von dieser Sorte: Ausschüttende Fonds und ETFs kehren die erhaltenen Zinsen und Dividenden laufend an ihre Anteilseigner aus. Das heißt, diese erhalten meist jährlich, manchmal sogar viertel- oder halbjährlich, eine kleinere Gutschrift auf ihrem Verrechnungskonto. Thesaurierende Fonds und ETFs dagegen investieren die laufend erwirtschafteten Zinsen und Dividenden sofort wieder ins Fondsvermögen, sodass sich der Wert der Fondsanteile dadurch erhöht. Hier fallen also keine laufenden Ausschüttungen an.

Die erhaltenen Ausschüttungen dienen zunächst dazu, Ihre Notreserve auf dem Tagesgeldkonto aufzustocken. Dort sollte stets genug Geld für Notfälle liegen. Was darüber hinausgeht, sollten Sie laufend neu investieren. Am besten überweisen Sie sich dieses Geld auf das Referenzkonto Ihres Fondssparplans und sorgen dafür, dass es gleich wieder investiert wird. Falls Sie noch keinen Fondssparplan haben, sondern Ihre Fondsanteile via Einmal-Investment erworben haben, sollten Sie über die Einrichtung eines Fondssparplans zumindest nachdenken. Möglich sind durchaus Sparintervalle von einem halben oder ganzen Jahr. Genug Zeit also, dass eine Sparrate von 100 Euro zusammenkommt, die Sie via Sparplan in Fondsanteile stecken. Auf diese Weise machen Sie sich abermals den Zinseszinseffekt zunutze – indem Sie dafür sorgen, dass die Ausschüttungen sich laufend weiterverzinsen.

Unterschätzen Sie die Dividenden nicht

Die einzelnen Dividenden mögen Ihnen wie Kleckerbeträge erscheinen. Langfristig aber, so haben zahlreiche Studien gezeigt, tragen sie zu mindestens 30 bis 50 Prozent zur Gesamtrendite bei. Gerade deshalb lohnt es sich, sie sofort wieder zu investieren.

Tipp 10: Meiden Sie Broker mit Entgelten für Auslandsdividenden

Da mögen die Depotführung kostenfrei und die Wertpapierorders sensationell günstig sein: Manche Broker holen sich an anderer Stelle Geld von ihren Kunden – vorzugsweise an einer Stelle, wo es diesen kaum auffällt. So gibt es Depotbanken, die sich jede Dividendenzahlung aus dem Ausland extra vergüten lassen. Beispiel Flatex, ein Broker, der seit Mitte 2017 zur FinTech Group gehört: Jede Dividendenausschüttung aus dem Ausland (auch aus dem Euro-Raum) lässt sich Flatex vergüten. Bei Zahlungen kleiner als 15 Euro werden 1,50 Euro verlangt, bei Zahlungen darüber 5,00 Euro. Das schmälert die Rendite gewaltig, zumal diese Kosten regelmäßig bei jeder Dividendenausschüttung anfallen (bis zu vier Mal pro Jahr allein bei vielen US-Aktien). Diese Gebühr lässt sich aber zum Glück vermeiden. Denn bei der Mehrzahl der Broker ist ein solcher Kapitaltransfer kostenfrei.

Glossar

Abgeltungssteuer: Die Abgeltungssteuer wird seit dem Jahr 2009 einheitlich auf alle Kapitalerträge erhoben. Ausgenommen sind nur Kursgewinne von Wertpapieren, die Sie 2008 oder früher gekauft haben (bei Zertifikaten gilt ein früherer Stichtag, nämlich der 14. März 2007). Wenn Sie Ihrer Bank einen → Freistellungsauftrag erteilt haben, bleibt auch der → Sparerpauschbetrag von der Abgeltungssteuer befreit. Der Steuersatz liegt bei 25 Prozent plus Solidaritätszuschlag und gegebenenfalls Kirchensteuer. Insgesamt kommen so bis zu 28,625 Prozent zusammen.

Aktie: Als Aktionär erwerben Sie einen Anteil an einem Unternehmen, der in einer Aktie verbrieft ist. Damit erhalten Sie gleichzeitig ein Stimmrecht und ein Recht auf eine Beteiligung an den Erfolgen, die das Unternehmen erwirtschaftet.

Aktienfonds: Ein Fonds, der praktisch ausschließlich in Aktien investiert.

Aktiengesellschaft: Bei einer Aktiengesellschaft (AG) ist das Grundkapital in Anteile, sogenannte → Aktien aufgeteilt, die an der Börse gehandelt werden können. Hintergrund ist die Beschaffung von Eigenkapital. Aktienkurse schwanken im Wert – je nachdem, wie gut das Unternehmen wirtschaftet oder auch wie die psychologische Gesamtlage an den Börsen ist.

Aktien-Index: Ein Aktien-Index repräsentiert eine Auswahl bestimmter Aktien, etwa aus einem bestimmten Land oder einer speziellen Branche. Dazu wird aus den Kursen dieser Aktien über verschiedene Verfahren eine Kennzahl errechnet, die die Entwicklung dieses speziellen Marktsegments widerspiegelt. Die bekanntesten Indizes sind der DAX, der die 30 wichtigsten deutschen Aktien enthält, oder der Dow Jones für den US-amerikanischen Markt.

Anleihe: Unter einer Anleihe (Englisch: *bond*) versteht man ein festverzinsliches Wertpapier. Darunter fallen etwa Staatsanleihen, Unternehmensanleihen, Pfandbriefe usw. Der Emittent der Anleihe, ein Staat oder ein Unternehmen, und der Anleger vereinbaren dabei einen festen Zinssatz, zu dem Letzterer sein Geld zur Verfügung stellt, sowie eine feste Laufzeit, für die das Kapital zur Verfügung steht. Meist erfolgt einmal im Jahr eine Zinsausschüttung. Anleihen unterliegen während der Laufzeit Kursschwankungen, die jedoch in der Regel geringer ausfallen als bei Aktien. Da Anleihen auch als Renten bezeichnet werden, nennt man Fonds, die in Anleihen investieren, auch Rentenfonds.

Asset: Als Assets werden die Vermögenswerte, die sich in einem Depot befinden, bezeichnet. Darunter fallen beispielsweise Aktien, Anleihen, Immobilien und Edelmetalle.

Ausgabeaufschlag: Kaufgebühr aktiver Fonds, auch Agio genannt. Der Ausgabeaufschlag beläuft sich auf bis zu 5,5 Prozent des investierten Betrags. Er wird jedoch nur erhoben, wenn Fondsanteile direkt bei der Fondsgesellschaft erworben werden. Beim Kauf an der Börse entfällt er.

Benchmark: Vergleichsindex, mit dem sich Investmentfonds üblicherweise messen. Eine solche Benchmark sollte stets eine recht ähnliche Region beziehungsweise Strategie abbilden wie der Fonds, um einen aussagekräftigen Vergleich zu ermöglichen.

Boom: Wenn an der Börse die Kurse extrem ansteigen, ist von einem Boom die Rede. Allerdings folgt auf einen Boom oft der → Crash.

Börse: Die Kurse, also Preise, von Wertpapieren werden durch Angebot und Nachfrage bestimmt. Der Handelsplatz, an dem Käufer und Verkäufer aufeinandertreffen, ist die Börse. In Deutschland gibt es mehrere Börsen, neben der vollelektronischen Börse Xetra gehören dazu auch die Parkettbörsen Frankfurt, Stuttgart, München, Düsseldorf, Hamburg und Berlin sowie die Privatanlegerbörse Tradegate.

Briefkurs: Zu diesem Kurs können Sie ein Wertpapier (Aktie, Fonds, ETF) an der Börse kaufen. Der Preis, zu dem Sie verkaufen können, wird → Geldkurs genannt.

Broker: Ein Broker ist ein Börsenmakler, der die Aktien seiner Kunden kauft und verkauft. Ebenso heißen aber auch Depotbanken, die für ihre Kunden Wertpapiere verwalten und entsprechende Orders ausführen, Broker. Das gilt insbesondere für die Direktbanken, die die Aufträge ihrer Kunden per Telefon, Fax oder Internet entgegennehmen und abwickeln.

Buffett, Warren: US-amerikanischer Großinvestor, der mit seiner Beteiligungsgesellschaft Berkshire Hathaway zu einem der zehn reichsten Menschen der Welt geworden ist. Anhänger der Value-Strategie.

Chart: Ein Chart zeichnet den historischen Kursverlauf eines Wertpapiers oder eines Index in einem bestimmten Zeitraum nach. Dabei können mehrere Jahrzehnte betrachtet werden, aber auch sehr kurze Zeitspannen, etwa ein Tag.

Cost Average Effect: → Durchschnittskosten-Effekt

Crash: Der Crash ist das Gegenteil eines → Booms, nämlich der radikale Absturz der Aktien nach einem Boom. Dies kann einzelne Aktien betreffen; brechen dagegen alle oder fast alle Aktien ein, ist auch die Rede von einem Börsencrash.

DAX: DAX ist die Abkürzung von Deutscher Aktienindex. Er ist der wichtigste deutsche Börsenindex, wurde am 1. Juli 1988 zum ersten Mal berechnet und repräsentiert die 30 wichtigsten deutschen Aktiengesellschaften. Der DAX ist ein gewichteter → Performance-Index, die Gewichtung der Mitgliedsunternehmen wird nach der → Marktkapitalisierung und dem Streubesitz vorgenommen, also der Zahl der Aktien, die nicht in fester Hand sind. Die Zusammensetzung des DAX wird regelmäßig angepasst.

Defensiver Mischfonds: → Mischfonds mit vergleichsweise geringem Aktienanteil (meist unter 30 Prozent).

Depot: Wer Wertpapiere kauft und verkauft, braucht dafür einen Ort der Verwahrung. Dies ist ein Depot, das damit zur Grundvoraussetzung für die Teilnahme am Wertpapierhandel wird. Als Anleger können Sie ein Depot bei jeder Bank eröffnen. Bei Filialbanken müssen Sie mit Depotgebühren rechnen. Viele Direkt-Broker (Internet-Depotbanken) hingegen verzichten auf entsprechende Gebühren.

Diversifizierung: Um das Risiko eines Kapitalverlustes zu begrenzen, sollten Sie als Anleger Ihr Kapital auf verschiedene Aktien oder Anlageformen (Aktien, Anleihen, Fonds) verteilen und darauf achten, dass diese Anlageformen nicht alle gleich auf verschiedene Börsenszenarien reagieren. Dieser Vorgang nennt sich Diversifizierung.

Dividende: Die Dividende ist der Anteil am Gewinn der Aktiengesellschaft, der pro → Aktie an die Aktionäre ausgeschüttet wird.

Dow Jones: Der Dow Jones ist der älteste Aktienindex der Welt und auch heute noch einer der wichtigsten Indizes der Börsenwelt. Vollständig lautet sein Name Dow Jones Industrial Average. Er repräsentiert die 30 wichtigsten Aktien der USA und zeigt deren durchschnittliche Entwicklung.

Durchschnittskosten-Effekt (Cost Average Effect): Effekt, der sich bei Fondssparplänen bemerkbar macht. Durch die Sparraten in immer gleicher Höhe werden viele Fondsanteile gekauft, wenn diese gerade günstig sind, und wenige, wenn diese gerade teuer sind. Dadurch wird im Durchschnitt ein günstiger Einstiegskurs erzielt und das Timing-Problem umgangen.

Einlagensicherung: Gesetzlich vorgeschriebener Insolvenzschutz für die Konten von Bankkunden. Geht eine Bank pleite, ist bei Banken in EU-Ländern eine Entschädigung bis zu 100 000 Euro vorgeschrieben. Manche Banken gehen darüber hinaus und bieten eine Einlagensicherung in noch viel größerer Höhe an.

Euro Stoxx 50: Der EuroStoxx 50 ist ein Aktienindex, der die 50 größten Aktienwerte aus den Euro-Ländern versammelt. Achtung: Gemeint ist damit die Währungsunion. Europäische Länder, die den Euro nicht eingeführt haben, wie etwa Großbritannien, die Schweiz oder Norwegen, sind in diesem Index nicht vertreten.

ETF: Die Abkürzung steht für »Exchange Traded Funds«, also börsengehandelte Indexfonds. ETFs sind die gängigste Form von Passivfonds. Hier wählt kein Fondsmanager einzelne Aktien aus, sondern der Fonds ist eine originalgetreue Nachbildung eines bestimmten Index wie beispielsweise des → DAX oder → Dow Jones.

Festgeldkonto: Bankkonto, das Guthabenzinsen abwirft und bei dem die Einlagen erst am Ende einer bestimmten Laufzeit wieder verfügbar sind. In der Regel liegt die Laufzeit bei sechs bis 48 Monaten, vereinzelt gibt es aber auch Festgeld-Angebote mit einer Laufzeit von bis zu zehn Jahren.

Fonds: Bei einem Fonds (genauer gesagt, einem offenen Investmentfonds) zahlen viele Anleger in einen gemeinsamen Topf einer Fondsgesellschaft ein, aus dem dann verschiedene → Wertpapiere gekauft werden. Durch die Streuung verringert sich das Risiko eines Kapitalverlusts. Die Papiere, die das Fondsvermögen bilden, bestimmen gemeinsam, ob der Fonds Gewinne oder Verluste zu verzeichnen hat, ob die Fondsanteile im Wert steigen oder fallen. Zinsen oder Dividenden, die der Fonds laufend erwirtschaftet, werden entweder ausgeschüttet (»ausschüttende Fonds«) oder sie fließen dem Fondsvermögen zu und erhöhen den Wert der einzelnen Anteile (»thesaurierende Fonds«).

Fondsmanager: Der Fondsmanager ist als Mitarbeiter einer Fondsgesellschaft für die Auswahl der Wertpapiere in einem oder in mehreren Fonds verantwortlich. Betreut er einen aktiv gemanagten Fonds, wählt er im Rahmen des gegebenen Fondsthemas die Wertpapiere aus. Bei einem Pharma-Fonds sucht er also nach vielversprechenden Pharmawerten, bei einem Japan-Fonds nach entsprechenden Aktien japanischer Unternehmen usw. Bei einem passiv gemanagten Fonds hingegen wird ein Index nachgebildet (→ Indexfonds). Ein Fondsmanager ist hier entbehrlich.

Fondssparplan: Kauf von Fondsanteilen für regelmäßige Raten in immer gleicher Höhe. Möglich ist ein monatlicher, vierteljährlicher oder jährlicher Kauf mit Raten ab 25 Euro. Meist empfiehlt sich aus Kostengründen aber eine Mindestrate von 50 Euro.

Freistellungsauftrag: Mit einem Freistellungsauftrag bei Ihrer Bank oder Sparkasse stellen Sie sicher, dass Sie bis zu einem Betrag von 801 Euro für Ledige und 1602 Euro für Verheiratete keine Kapitalertrags- beziehungsweise Abgeltungssteuer auf die Zinsen, Dividenden und Kursgewinne, die Sie kassieren, zahlen. Erst auf Erträge, die diesen sogenannten → Sparerpauschbetrag übersteigen, müssen Sie Steuern zahlen.

Geldkurs: Zu diesem Kurs können Sie ein Wertpapier (Aktie, Zertifikat) an der Börse verkaufen. Der Preis, zu dem Sie kaufen können, wird → Briefkurs genannt.

Gesamtkostenquote: Prozentsatz, der angibt, was die laufende Verwaltung eines Fonds insgesamt pro Jahr kostet. Bei passiv gemanagten ETFs liegt die Gesamtkostenquote meist bei 0,08 bis 0,5 Prozent, bei aktiv gemanagten Fonds bei 1,5 bis 2,5 Prozent. Die international gebräuchliche Bezeichnung für Gesamtkostenquote lautet Total Expense Ratio (TER).

Geschlossene Fonds: Unter geschlossenen Fonds werden Fonds verstanden, deren Anteilseigner zu Mitunternehmern werden. Entsprechende Anteile können nur während einer bestimmten Zeichnungsfrist erworben werden. Wenn genügend Kapital eingesammelt wurde, wird die Zeichnungsfrist beendet und die beabsichtigte Investition vorgenommen. Wer Anteile an einem geschlossenen Fonds erwirbt, muss diese in der Regel bis zum Ende der Laufzeit halten. Ein Verkauf an der Börse ist nicht vorgesehen. Als Privatanleger sollten Sie um geschlossene Fonds daher einen Bogen machen.

Graham, Benjamin: Geboren 1894 in London, gestorben 1976 in Aix-en-Provence. US-amerikanischer Wirtschaftswissenschaftler und Erfinder der fundamentalen Aktienanalyse.

Index: → Aktien-Index

Indexstand: Ein Indexstand ist eine Kennzahl, die die Wertentwicklung in einem bestimmten Marktsegment wiedergibt. Dabei werden die Börsenkurse einer repräsentativen Mischung von Aktien oder Rentenpapieren aus diesem Segment zugrunde gelegt.

Indexfonds: In einem Indexfonds sind in Zusammensetzung und Gewichtung exakt die Aktien enthalten, die im abgebildeten Index (zum Beispiel DAX, EuroStoxx 50 oder Dow Jones) vertreten sind. Die Entwicklung dieser Fonds verläuft daher parallel zum Index (nur die Verwaltungskosten werden abgezogen). Interessant für Sie als Anleger ist auch, dass Indexfonds sehr günstig sind. Die wichtigsten Indexfonds sind die sogenannten → ETFs.

Inflation: Das ist der schleichende Kaufkraftverlust einer Währung.

ISIN: Die ISIN (International Security Identification Number) ist die internationale Form der → Wertpapierkennnummer (WKN). Anhand einer festen Folge von Buchstaben und Ziffern lässt sich ein Wertpapier eindeutig bestimmen. Wenn Sie eine Order aufgeben wollen, müssen Sie als Erstes die ISIN oder die WKN eingeben.

Kostolany, André: Geboren 1906 in Budapest, gestorben 1999 in Paris. Börsen-Spekulant, Finanzexperte und Verfasser mehrerer Börsenbücher.

Kurs-Index: Ein Kurs-Index ist ein Aktienindex, in dessen Verlauf nur die Kursgewinne, nicht aber die Dividenden eingerechnet werden. Das Gegenteil von einem Kurs-Index ist ein → Performance-Index.

Kurswert: Der Kurswert ist der Preis (zum Beispiel in Euro), den Anleger aktuell für eine Aktie oder einen Fonds bezahlen müssen. Der Kurswert ergibt sich bei Aktien durch Angebot und Nachfrage und wird an der → Börse ermittelt. Bei Fonds ergibt sich der

Kurswert aus dem Kurswert der enthaltenen Aktien, Anleihen und sonstigen Vermögenswerte.

Marktkapitalisierung: Mit der Marktkapitalisierung ist der Wert eines Unternehmens an der Börse gemeint. Dafür wird einfach die Anzahl der Unternehmensaktien mit dem aktuellen Börsenkurs multipliziert.

MDAX: Der MDAX ist der deutsche Aktienindex, der die Entwicklung von mittelgroßen deutschen Unternehmen widerspiegelt. Das M steht für Midcap, also »middle capitalization«, übersetzt heißt das etwa mittelgroße Marktkapitalisierung oder mittelgroßer Börsenwert.

Mid Caps: Bezeichnung für Aktien mit einer mittelgroßen Marktkapitalisierung. Der passende Index in Deutschland ist der →MDAX.

Mischfonds: → Fonds, der in verschiedene Vermögensklassen investiert, vor allem in Aktien und Anleihen.

Munger, Charles: Partner von → Warren Buffett bei Berkshire Hathaway. Ebenfalls Anhänger der Value-Strategie.

Offensiver Mischfonds: → Mischfonds mit vergleichsweise hohem Aktienanteil (meist über 70 Prozent).

Outperformance: Mehrertrag, den ein Fonds im Vergleich zu seiner → Benchmark erwirtschaftet hat.

Parkettbörse: Im Gegensatz zu vollelektronischen Börsen wie → Xetra werden an Parkettbörsen Kauf- und Verkaufsorder noch mit menschlicher Hilfe abgewickelt. Diese Aufgabe übernimmt ein Börsenhändler (= Makler). Er gleicht die verschiedenen Orders miteinander ab und legt daraufhin den Preis fest. In Deutschland sind zum Beispiel noch die Frankfurter Wertpapierbörse und die Börsen in Stuttgart, München, Hamburg, Düsseldorf und Berlin Parkettbörsen.

Performance: Welche Gewinne und Verluste hat ein einzelner Anleger oder ein Fonds unter Berücksichtigung des eingegangenen Risikos gemacht? Darüber gibt die Performance Auskunft. Letztlich sollte diese immer positiv für das → Portfolio ausfallen, auch wenn einige Aktien möglicherweise in der Verlustzone sind.

Performance-Index: Ein Performance-Index ist ein Aktienindex, bei dessen Verlauf sowohl der Kurs als auch die gezahlten Dividenden der einzelnen Mitglieder eingerechnet werden. Ein Performance-Index schneidet daher stets besser ab als ein → Kurs-Index.

Portfolio: Ein Portfolio, auch Portefeuille genannt, ist die Gesamtheit aller Papiere im Depot eines einzelnen Anlegers oder im Vermögen eines offenen Investmentfonds. Dazu zählen alle Aktien, Anleihen etc.

Präsenzbörse: → Siehe Parkettbörse

Rendite: Mit der Rendite wird der prozentuale Gewinn pro Jahr ausgedrückt. So gibt die Kapitalrendite an, wie hoch der Jahresgewinn eines Investors ist, ausgedrückt in Prozent des eingesetzten Kapitals. Analog dazu gibt die Umsatzrendite an, welchen Gewinn das Unternehmen gemacht hat, ausgedrückt in Prozent des Umsatzes.

Rentenfonds: Ein Rentenfonds ist ein gemanagter Fonds, dessen Fondsvermögen überwiegend in festverzinslichen Anleihen, in der Regel Staats- und Unternehmensanleihen, investiert ist.

Renten: Anderer Begriff für festverzinsliche Wertpapiere, also beispielsweise → Anleihen.

SDAX: Der SDAX ist der deutsche Aktienindex, der die Entwicklung von deutschen Unternehmen mit einer geringen Marktkapitalisierung widerspiegelt. Das S steht für Small, also klein, übersetzt heißt das etwa geringe Marktkapitalisierung oder geringer Börsenwert.

Small Caps: Bezeichnung für Aktien mit einer geringen Marktkapitalisierung (auch Nebenwerte genannt). Der passende Index in Deutschland ist der → SDAX.

Sondervermögen: Aktiv geführte Fonds und auch Indexfonds bilden rechtlich betrachtet ein Sondervermögen und werden von der Fondsgesellschaft nur verwaltet. Bei einer Pleite der Fondsgesellschaft ist das Vermögen der Anleger so geschützt vor dem Zugriff der Gläubiger.

Sparerpauschbetrag: Nach geltendem Steuerrecht bleiben Kapitalerträge bis zu 801 Euro bei Ledigen und 1602 Euro bei zusammen veranlagten Verheirateten von der Kapitalertragssteuer (= Abgeltungssteuer) befreit. Dieser Teil der Kapitalerträge heißt Sparerpauschbetrag. Am einfachsten profitieren Sie vom Sparerpauschalbetrag, indem Sie einen → Freistellungsauftrag bei Ihrer Depotbank stellen. Dann werden bei Kapitalerträgen bis zu diesem Betrag keine Steuern an den Fiskus abgeführt.

Sparkonto: Bankkonto, das Guthabenzinsen abwirft und bei dem die Einlagen mit einer Kündigungsfrist von meist drei Monaten verfügbar sind.

Sparplan: → Fondssparplan

Spread: Die Differenz zwischen Kauf- und Verkaufskurs (→ Brief- und Geldkurs) an der Börse.

Standard & Poor's 500: Der Standard & Poor's 500 (S & P 500) ist ein Index, der den US-amerikanischen Markt widerspiegelt. Zu seiner Berechnung werden die Kurse der 500 größten Aktiengesellschaften der USA herangezogen. Er zeigt damit ein genaueres Bild der US-Wirtschaft als der → Dow Jones.

Standardwerte: Als Standardwerte werden an der Börse jene Aktien bezeichnet, die als besonders solide und werthaltig gelten (qualitative Einordnung), oder besonders große Unternehmen mit einer hohen Marktkapitalisierung (quantitative Einordnung). In der Regel sind es die Aktien der größten Unternehmen eines Landes, die sich dann auch im jeweiligen Leitindex des Landes wiederfinden.

Streubesitz: Zum Streubesitz gehören alle Aktien eines Unternehmens, die an der Börse frei handelbar sind. Im Gegensatz dazu gibt es auch Aktien, die sich fest in den Händen etwa der Familie der Mehrheitseigner, des Bundes oder des Managements des Unternehmens befinden.

Tagesgeldkonto: Bankkonto, das Guthabenzinsen abwirft und dessen Einlagen an jedem Bankenöffnungstag verfügbar sind.

Technische Analyse: Bei der technischen Analyse wird versucht, ausschließlich mithilfe bestimmter Indikatoren am Markt die Entwicklung einzelner Aktien vorherzusagen. Dazu gehören etwa die Beobachtung des Börsenkurses in Form von Chartanalysen oder der Höhe der Umsätze einzelner Aktien.

TER: Total Expense Ratio → Gesamtkostenquote

Value-Aktie: Eine substanzstarke Qualitätsaktie

Value-Analyse: Bei der Value-Analyse, auch Fundamentalanalyse genannt, wird versucht, mithilfe von Unternehmensdaten wie Bilanz, Gewinn- und Verlustrechnung, Kurs-Gewinn-Verhältnis und Dividendenrendite sowie mithilfe von branchenbezogenen und gesamtwirtschaftlichen Daten eine Prognose zu stellen, wie sich der Kurs einer Aktie entwickeln wird.

Verrechnungskonto: Wer ein Wertpapierdepot hat, hat auch ein Verrechnungskonto. Das Guthaben auf diesem Konto wird genutzt, um Wertpapiere zu kaufen, Verkaufserlöse werden darauf gutgeschrieben. Ebenso dient das Verrechnungskonto dazu, Dividenden und Zinsen an den Investor auszuzahlen.

WKN: Die WKN (Wertpapierkennnummer) dient der eindeutigen Identifizierung eines jeden Wertpapiers, um Missverständnisse auszuschließen. Dazu dient eine feste Folge von Ziffern und Buchstaben. Die WK brauchen Sie bei jeder Orderaufgabe. Sie ist das in Deutschland gebräuchliche Pendant zur internationalen → ISIN.

Xetra: Xetra heißt das vollelektronische Handelssystem der Deutschen Börse AG. Ohne dass ein Makler eingreift, gleicht ein Computer alle vorliegenden Kauf- und Verkaufsorders miteinander ab und führt die Transaktion automatisch durch.

Über die Autoren

Rolf Morrien, Jahrgang 1972, studierte in Münster und Wien Geschichte, Wirtschaft und Politik und absolvierte anschließend in Bonn eine Ausbildung zum Wirtschaftsjournalisten. Danach war er Analyst und Redakteur des Dienstes »Aktien-Analyse«. Seit 2002 leitet er als Chefredakteur den Börsendienst »Der Depot-Optimierer«. Der Experte für Value-Aktien hat jüngst im Jahr 2018 drei Bücher über die Börsen-Legenden Warren Buffett, Charlie Munger und Benjamin Graham im FinanzBuch Verlag veröffentlicht.

Judith Engst, Jahrgang 1970, hat nach dem Studium der Forstwissenschaft den MBA (Master of Business Administration) absolviert. Als Wirtschafts- und Finanzjournalistin schreibt sie vorwiegend Ratgebertexte. Sie hat mehrere Bücher zu den Themen Börse, Geldanlage, Recht & Steuern sowie Kommunikation verfasst. Zusätzlich arbeitet sie als Dozentin an der Business School Alb-Schwarzwald, die zur Steinbeis Hochschule Berlin gehört. Ihr Ziel: Schwer Verständliches so einfach darzustellen, dass jeder es versteht – und idealerweise auch gleich weiß, was zu tun ist.

Das Autorenduo Morrien/Engst hat im FinanzBuch Verlag bereits den Bestseller *Börse leicht verständlich* publiziert.

Börse leicht verständlich

Judith Engst, Rolf Morrien

Vermögensaufbau – selbst gemacht! Die Finanzkrise hatte dramatische Auswirkungen auf Privatvermögen und Altersvorsorge. Rentenansprüche wurden gekürzt, Lebensversicherungen gerieten in die Krise. Auch auf den Staat ist schon lange kein Verlass mehr. Daher muss jeder Anleger selbst handeln. Aber wie baut man ein Vermögen auf oder erzielt ein dauerhaftes Einkommen aus Zinserträgen?
Die meisten Bücher für Einsteiger erklären nur, wie einzelne Wertpapiere funktionieren, oder beschreiben, welche Strategien in der Vergangenheit wirksam waren. Dieses Buch erklärt, wie man ein Depot eröffnet, wie man geeignete Wertpapiere findet, welche Risiken es gibt und was man beim Kauf beachten sollte.

224 Seiten | Hardcover | 19,99 € (D) | ISBN 978-3-89879-630-9

Börse ganz praktisch

Judith Engst, Rolf Morrien

Wie eröffne ich ein Depot-Konto? Welcher Broker passt zu mir? Wie wähle ich Aktien richtig aus? Warum notieren die Schweizer Aktien in meinem Depot in Euro und was passiert damit im Falle eines Euro- Crashs? Wie vermeide ich unnötige Fondsgebühren? Wie berechne ich die Rendite einer Anleihe? Welche Tricks gibt es, um Steuern zu sparen?
Wer dieses Buch kauft, findet in leicht verständlicher und gut umgesetzter Form wichtige Informationen, die nicht nur den Wissensdurst stillen, sondern vor allem bares Geld wert sind! Die ideale Lektüre für Anleger, die mit Sachverstand investieren wollen.

208 Seiten | Hardcover | 19,99 € (D) | ISBN 978-3-89879-832-7